KB047432

나는 간첩이 아닙니다

1970~2016, 대한민국의 숨겨진
간첩 조작사

이 도서의 국립중앙도서관 출판예정도서목록(CIP)은 서지정보유통지원시스템 홈페이지(http://seoji.nl.go.kr)와 국가자료공동목록시스템(http://www.nl.go.kr/kolisnet)에서 이용하실 수 있습니다. (CIP제어번호: CIP2016023545)

나는 간첩이 아닙니다

서어리 지음

1970~2016, 대한민국의 숨겨진
간첩 조작사

차례

1부
간첩 공장의 진실

2부
조작 간첩으로 살기

3부
분단 공포 넘어서기

나는 왜,
간첩 조작 사건에 꽂혔나

유광일을 기억하다

2013년 12월 어느 날, 그날도 어김없이 신문을 들춰보고 있었다. 빠뜨린 사건은 없나, 뭐 재밌는 소재는 없나, 지면 이곳저곳을 기웃거렸다. 수많은 이름이 시야에 들어왔다가 사라지고 김 모 씨, 이 모 씨 등 각종 성명불상자들을 눈으로 훑어보던 찰나, 한 장의 사진과 맞닥뜨렸다. 사진 기사였다. 사진 속 남자는 법원 건물 안으로 들어서고 있었고, 그 남자의 옆모습은 어쩐지 낯설지 않았다.

"'서울시 공무원 간첩 사건'의 피의자 유 모 씨가 법정 안으로 들어서고 있다."

사진 설명을 읽고 빠르게 머리를 굴렸다. 내가 아는 사람 중에 저 옆

모습의 주인공으로 추정되는 이가 있었다. 불과 몇 개월 전에 나한테 페이스북 친구 신청도 했던 것 같다고 생각할 즈음 불현듯 떠올랐다.

이름 유광일. 2009년 겨울 대학 어학원에서 나와 같은 수업을 들었던 (아마도) 탈북자. 나와는 데면데면했으나 다른 사람들과는 스스럼없이 잘 어울렸던 사람. 그런데 그 사람이 어째서?

일단 연락처부터 뒤져 전화를 걸었다. 수화기 너머 유광일은 뜻밖의 전화에 놀라워하는 듯했다. 안부를 물을 새도 없이 단도직입적으로 물었다.

"간첩 혐의를 받고 계신 건가요?"

유광일은 사연이 길다고 했다. 만나서 이야기하자고 했다. 원래 가까운 사이는 아니었으므로 만나자는 제안이 썩 달갑지 않았다. 실은 무서웠다. 정말 간첩이면 어떻게 해야 하나, 나한테 해코지하는 건 아닐까, 온갖 생각이 머릿속을 덮쳤다. 1심 재판에서 증거 불충분으로 무죄 판결을 받았다는 기사들을 읽었지만, 나는 의심을 거둘 수 없었다. 그에 대한 얼마 안 되는 기억들을 끄집어냈다. 중국에서 오래 살았다고 들었고, 영어를 못했으며 말주변도 좋지 않았던 기억이 났다. 어쨌든 이런 '어마어마한 일'에 연루될 만한 인물은 아니라는 생각이 들었다.

그런데 막상 만나 보니, 내가 예전에 알던 그 사람이 맞나 싶었다. 생각보다 그는 딱 부러졌다. 검찰과 국정원의 주장을 조목조목 반박했다. 나름의 이유가 있긴 했지만, 그 사이에 이름도 바꿨다.[1] 더욱 의심이 갔다. 하지만 차마 그런 생각을 내비칠 순 없었다. 내가 멈칫거리던 것을 느꼈는지 유광일은 헤어지기 전에 말했다.

"설마 국정원이나 검찰이 멀쩡한 사람 잡아다가 간첩 만들겠나 싶죠? 그렇게 의심하는 게 당연할 거예요. 그래서 친구들이 등 돌리고 떠나도 저는 잡을 수가 없어요. 그런데 국정원이랑 검찰이 하는 짓을 계속 보다 보면 어리 씨도 곧 알게 될 거예요. 그 사람들이 얼마나 엉터리인지를, 그리고 정말 죄 없는 사람의 인생을 망치고 있다는 사실을요."

그래도 한 번 생긴 의심은 쉽게 사그라지지 않았다. 예전에 유 씨와 어울려 지내던 어학원 동기 몇몇에게 문자 메시지를 보냈다. 반갑다, 잘 지내느냐, 언제 술 한잔하자 등의 이야기가 오갔다. 그리고 본론을 말했다. 유광일 씨가 좋지 않은 일에 연루된 것 같은데 알고 있느냐 물었다. 답이 없었다. 그 이후로 줄곧, 다들 약속이나 한 듯이.

그가 정말 간첩이라면 일말의 안타까움을 거두고 당장 법의 단죄를 받게 해야 했다. 그런데 만약 그가 간첩이 아니라면 누명을 벗겨주고 원래 삶을 되찾을 수 있게 도와줘야 했다. 그게 기자의 도리였고, 가까웠든 멀었든 잠시나마 함께 알고 지냈던 사람으로서 할 일이었다. 나는 그렇게 느지막이, 서울시 공무원 간첩 사건을 추적하기 시작했다.

유광일이 호언장담했던 그대로였다. 이듬해 2월, 검찰 쪽 핵심 증거였던 중국 공문서 세 건이 위조로 밝혀졌고, 국가정보원이 꾸민 조작극의 전말이 하나하나 모습을 드러내기 시작했다. (지금껏 알려진 간첩 사건 가운데 재판 도중 정보기관의 조작 사실이 밝혀진 것은 이번이 처음이다.) 국정원과 검찰이 얼마나 엉터리인지 여실히 드러났다. 유광일, 아니

나는 간첩이 아닙니다

유우성은 2013년 1심과 2014년 항소심을 거쳐 2015년 대법원 최종심까지 모든 판결에서 무죄 선고를 받았다. 유우성이 간첩이 아님을 대한민국 사법부가 최종 선언한 것이다. 결백함이 밝혀졌으니 얼마나 좋을까. 무죄 판결이 나올 때마다 그에게 소감을 물었다. 답변은 언제나 똑같았다.

"글쎄요. 무죄 판결을 받은 것 자체는 기쁘고 시원하지만, 제가 간첩이 아니란 사실을 확인한 것뿐이니까요."

'유우성이 간첩이 아니다'라는 명제는 참이었다가 거짓이 되었다가 다시금 참이 되었다. 그러나 그의 삶도 이 명제처럼 다시 원점으로 돌아간 것은 아니었다. 시간, 사람, 건강, 재산. 그는 소송이 진행된 2년 9개월 동안 이미 많은 것을 잃었다.

무고한 사람을 간첩으로 만든 이들의 태도는 태연했다. 검찰은 항소심 재판 도중 증거 조작이 밝혀졌는데도 불구하고 소를 취하하기는커녕 대법원에 상고 신청을 했고, 보수 언론 또한 "국정원이 조금 실수를 했지만 유우성은 간첩이 맞다"라는 식으로 맞장구쳤다.

'사과'를 하긴 했다. 문서 위조 협조자인 조선족 김 모 씨가 국정원으로부터 위조를 사실상 지시받았다는 취지로 검찰에 진술하자, 국정원은 2014년 3월 9일 한밤중에 별안간 '대국민 사과문'을 발표했다.[2] 그러나 이것은 또 다른 기만에 불과했다. 대국민 사과를 한 바로 다음 날, 검찰은 '북한 보위사령부 직파 간첩 사건'을 발표했다. 알다시피 이 사건 또한 허위 자백에 의한 가짜 간첩 사건임이 이후 밝혀졌다.

반성 없는 국가, 무참히 짓밟힌 인간

 반성 없는 국가와 국가에 의해 무참히 짓밟힌 한 인간을 지켜보면서 어지러움을 느꼈다. 반성하지 않는다는 것은 앞으로도 똑같은 일을 반복하겠다는 선언에 가깝다. 과거 안기부가 숱한 간첩 조작 역사를 썼듯, 국정원은 지금도 또다시 어디에선가 조작 간첩을 찍어내고 있을지도 모른다.

 나는 유우성 사건을 통해 알려진 정보기관의 만행이 그저 한때의 이슈로 흘러가서는 안 된다고 생각했다. 그래서 유우성 사건의 충격 여파가 한풀 꺾인 2015년 초, ≪프레시안≫에 "다시 국가 폭력을 말하다"라는 이름으로 기획기사를 연재했다. 1970년대 귀순자 김관섭 씨와 1990년대 귀순자 이민복 씨의 입을 통해 탈북자들에 대한 국가 폭력 실태를 고발했다. 이후 "다시 국가 폭력을 말하다"를 다듬고 2010년대 귀순자 홍강철 씨 사연까지 더해, 다음daum 〈뉴스펀딩〉(현재는 카카오 kakao 〈스토리펀딩〉)에 "나는 간첩이 아닙니다"라는 이름으로 10회에 걸쳐 연재를 진행했다. 포장지만 다를 뿐 비슷비슷한 조작 간첩 사건을 찍어내는 정보기관에 제동을 걸기 위한, 내 나름의 작은 몸부림이었다.

 한울 출판사의 김태현 주임으로부터 책 출간을 제안받은 것은 2015년 여름, "나는 간첩이 아닙니다"의 연재 종료를 한두 회 정도 남겨둔 시점이었다. 출간 제안은 이 시리즈에 대한 더없는 호의 표시임이 분명했다. 반갑고 고마웠다. 그러나 책 작업은 애초에 고려해보지 않은 일이었기에 선뜻 알겠노라 말이 나오지 않았다. 시간을 달라고 했다. 고민이 길어졌다. 손이 여물지 않은 내가 과연 책을 만들 수 있을까? 그리고 무엇보다, 기자로서 이제 막 걸음마를 뗀 내가 책이라는 완성형 결과물을 대중 앞에 내는 게 과연 맞는 일일까? 이것저것 재고 따지며 답변을 미루는 사이, 계절은 돌고 돌아 또다시 여름이 찾아왔다.

결국, 출간을 마음먹은 것은 김 주임과 나의 사수 허환주 기자의 설득 덕분이었다. 김 주임은 이른바 나의 '읽씹'에도 굴하지 않고 여러 번 끈질기게 "'나는 간첩이 아닙니다' 연재는 책으로 묶일 가치가 있다"라고 피력했다. 결정타는 술을 한잔 걸친 허 선배가 날렸다.

"네가 글쓴이라는 생각은 버려. 그러고서 판단해. 세상에 이런 책 한 권쯤은 있어도 되지 않겠어? 그리고 네가 이미 어느 정도 한 거잖아."

저자가 '나'라는 것에 대한 판단은 잠시 미뤄둔 채, 이 연재가 단행본으로서 지니는 가치 하나만 따져봤다. "나는 간첩이 아닙니다" 시리즈가 과연 책으로 묶일 만한가. 그러길 바라는가. 나의 대답은 '그렇다'였다. ≪프레시안≫에 연재될 때도, 뒤이어 〈뉴스펀딩〉에 소개될 때도 살짝 아쉬운 마음이 남았다. 대한민국 권력집단이 저질러온 폭력의 역사를 단 한 명이라도 더 많이 알아주길 바랐다. 국가 폭력에 억울하게 희생된 이들을 기억해줬으면 했다. 특히 잘 알려지지 않은 이들, 이를테면 탈북자 신문이 이루어졌던 대성공사에서의 장기 수용 생활로 가정이 파탄 나고 수십 년째 고문 후유증에 시달리는 김관섭 씨 같은 이들의 사연을 좀 더 알리고 싶었다.

책 출간이 이 피해자들을 기억하는 방법이라면, 그들의 몸에 각인된 역사를 더 오래도록 남기는 일이라면, 마다해선 안 된다고 생각했다.

피해자가 기억하는 '진실'

이 책의 목적은 세 가지다. 첫째, 대한민국 정보기관이 과오를 자각하기를 바란다. 이 책에 기록된, 수십 년째 반복되고 또 반복된 음습한 자신들의 행태에 부끄러움을 느껴야 한다. 이를 바탕으로 국가정보원이 처절한 반성을 통해 '정치 공작소'라는 오명을 벗을 수 있기를 바란다. 둘째, 이 책을 읽는 독자가 대한민국 정보기관의 헛발질 또는 의도된 기획에 깜빡 속아 넘어가지 않는 훌륭한 감시자가 되어주길 바란다. 그리고 무엇보다 나는 국가 폭력의 희생자들이 이 책을 통해 조금이나마 상처를 씻어낼 수 있기를 바란다.

진실을 밝히는 것은 피해자들을 트라우마(외상후스트레스장애)에서 벗어나도록 돕는 길이다. 우울증이나 불안증 등 여타 정신과 질병과 달리 트라우마는 외부적 원인이 있는 질환이다. 외부적 문제 때문에 삶이 망가지고 고통받는 이들은 그 외부적 요인을 해결하지 않고서는 제대로 치유받을 수 없다는 것을 우린 알고 있다. 세월호 참사 유가족들이 '진실 규명'을 외치는 이유도 바로 그 때문이다.

이 책에는 국가가 기억하는 진실 대신, 그들이 기억하는 진실이 담겨 있다. 책 출간이 그들에게 작은 위로가 된다면 좋겠다. 짐작했듯,

나는 간첩이 아닙니다

이 책의 기본적인 틀은 '인터뷰'다. 피해자 당사자나 유가족의 증언만큼 사건의 실체와 피해의 정도를 명징하게 보여줄 수 있는 방법은 없다고 생각한다.

유우성 씨나 홍강철 씨를 제외하면 이 책에 나오는 이들 대부분은 잘 알려지지 않았다. 언론에 소개된다 한들 단신 기사 등으로 짧게 언급되는 정도에 그쳤다. 2부에 등장하는 삼척 고정 간첩단 사건 피해자들이 대표적이다.

이 사건 피해자들은 1980년 원심 판결에서 두 명 사형, 두 명 무기징역, 나머지 여덟 명은 5~10년의 실형을 받는 등 무거운 형을 선고받았다. 이후 세 명은 2013년 재심에서 최종 무죄 판결을 받았고, 나머지 피해자들 역시 재심 상고심에서 최종 무죄 판결을 받았다. 각 판결 결과가 언론에 보도되었지만, 대부분 사실 전달 성격이 강한 일반 스트레이트 기사로만 처리되곤 했다. 누명을 벗기까지 무려 35년에 가까운 시간이 걸렸다. 그동안 누군가는 사형을 당했고, 또 누군가는 형장의 이슬로 사라진 가족을 가슴에 품은 채 십수 년 세월을 감옥에서 흘려보냈다. 그런 그들의 아픔을 1분 30초짜리 단신 리포트로, 대여섯 줄짜리 짧은 스트레이트 기사로 온전히 전할 수 있을 리 만무하다. 물론 백 장, 아니 백만 장을 할애하더라도 그들의 고통을 오롯이 일일이 담아낼 수는 없을 것이다. 그러나 최대한 가까이 그 고통에 다가서고 싶었다. 작가 김연수가 단편『부넝쒀不能说』에서 밝힌 역사와 기록에 대한 관점에 나는 동의한다.

"역사라는 건 책이나 기념비에 기록되는 게 아니야. 인간의 역사는 인간의 몸에 기록되는 거야. 그것만이 진짜야. 떨리는 몸이, 흘러내리는 눈물이 말해주는 게 바로 역사야. 이 손, 오른손 검지와 중지가 잘려 나간 이 손이 진짜 역사인 거야……."

그들의 고통을 쓰는 일은 역사를 기록하는 일이자 국정원과 검찰이 왜곡한 과거를 바로잡는 일이다. 그래서 나는 가능한 피해자들을 가능한 여러 번, 오랫동안 만나고, 그들이 들려준 이야기를 최대한 가공 없이 전하려고 했다.

그러나 고통을 발설하는 것은 괴롭다. 인터뷰는 피해자가 다시금 자신의 고통과 대면하도록 종용한다. 기자는 때로 취조자가 되어 아픈 곳을 쿡쿡 쑤시기도 한다. 그렇기에 나는 종종 피해자들에게 '2차 가해자'가 되기도 했다. 수없이 많은 한숨과 눈물을 동반해야 했다.

보복에 대한 두려움 또한 피해자들을 무겁게 짓눌렀다. 수십 년 세월이 흘렀어도 국가와 정보기관에 대해 가지고 있는 그들의 공포는 여전했다. 고통과 두려움을 다 이겨내고 용기 내어 인터뷰에 응해준 그들에게 미안함과 존경의 마음을 함께 표한다.

그리고 한편으로 생각한다. 아픈 기억을 끄집어내기가 힘들어서, 혹은 훗날 보복이 두려워서 재심 신청도 못하고, 목소리조차 내지 못하는 피해자들이 얼마나 많을까. 그런 분들이 혹시나 이 책을 접하게 된다면, 어서 용기 내어 가슴에 맺힌 한을 푸시라 말하고 싶다.

나는 간첩이 아닙니다

내용은 총 3부로 구성했다. 1부 '간첩 공장의 진실'은 대성공사, 중앙합동신문센터(이하 합신센터) 등 탈북자 조사 기관의 인권 침해 사례를 묶은 것으로, "나는 간첩이 아닙니다" 시리즈 대부분을 옮겨놓았다. 1970년대 귀순자 김관섭 씨, 1990년대 귀순자 이민복 씨, 2010년대 귀순자 유우성, 홍강철 씨가 바로 1부의 주인공들이다. 자유를 찾아 북한을 떠나온 이들이 처음 겪은 일은 대성공사와 합신센터에서의 장기 수용 생활이었다. 대성공사와 합신센터에서 이들은 간첩으로 몰렸거나 간첩 피의자가 될 뻔했다. 대한민국 국가권력이 탈북자들을 길들이기위해 탈북자 조사 기관을 어떻게 활용했는지 이들의 증언을 통해 알게될 것이다.

2부 '조작 간첩으로 살기'에서는 2010년 이후 재심을 통해 간첩 누명을 벗었거나 재심 청구를 준비하고 있는 이들의 사연을 전한다. 1980년대 재일동포 간첩 사건 피해자 이종수 씨, 1970년대 (이름조차 붙지 않은) 제주도 간첩 사건 피해자 고故 김인봉 씨 유가족과 삼척 고정 간첩단 사건 피해자 가족, 마지막으로 통일혁명당 재건 사건 피해자이자 2012년 GPS 간첩 사건 피해자인 이대식 씨의 이야기를 통해 국가권력이 붙인 '간첩 꼬리표'가 평범했던 이들의 삶을 어떻게 망가뜨렸는지 보게 될 것이다.

3부 '분단 공포 넘어서기'에서는 국정원과 국가보안법의 문제를 면밀히 들여다본다. 먼저 간첩 조작 사건의 피해자인 유우성 씨와 김관섭 씨의 대담을 살펴보고, 민주사회를 위한 변호사 모임 '민주주의 수호 비상특위' 위원장을 역임한 최병모 변호사, '간첩 전문 변호사' 장경욱 변호사와의 인터뷰를 전한다. 지금까지의 수많은 간첩 조작 사건들을 돌아보고, 앞으로 이러한 일들이 반복되지 않을 방안에 대해 이야기할 것이다.

　욕심과 달리, 더 많은 피해자들의 이야기를 이 책에 담지 못한 점이 아쉬움으로 남는다. 나름대로 변명을 하자면, 우선 시간이 그리 넉넉하지 않았다. 기사 발행보다야 덜 빡빡하지만, 책 작업에도 '데드라인'이란 게 있어서 세월아 네월아 할 수만은 없었다. 출간이 계속 늦어지다가는 시의성을 놓칠 수도 있겠다는 생각이 들었다. 피해자들이 선뜻 나서지 않은 경우도 있었다. 대표적인 예가 지난 6월 재심에서 무죄 판결을 받은 '제주 모녀 간첩 사건'의 피해자 김 모 씨다(어머니 황 모 씨는 일찍이 사망했다). 인터뷰 예정일 이틀을 앞두고 김 씨와 함께 인터뷰에 응하기로 했던 김 씨 동생으로부터 전화가 왔다. "누님(김 씨)이 트라우마 때문에 도저히 인터뷰에 응할 수 없을 것 같다"라고 했다. 간첩죄로 복역한 후 김 씨는 줄곧 우울증 증세를 보였다고 했다. 인터뷰를 하면 트라우마가 되살아날 것 같다는 이야기였다. 김 씨는 시간이 조금 지난 후에 인터뷰에 응하겠노라 했다. 기다리기로 했다. 훗날 김 씨를 만나게 된다면 그의 이야기는 언론 지면을 통해 소개할 것을 약속한다.

나는 간첩이 아닙니다

1부
간첩 공장의 진실

1

대한민국이
나를 고문했습니다

3년 6개월간의 감금, 김관섭 씨

그를 처음 만난 건 지난해 겨울, '종북 변호사'로 알려진 장경욱 변호사의 사무실에서였다.

"나는 한국의 안보와 자유를 사랑하는 김관섭이라고 합니다."

딱딱하게 악수를 청하는 그를 한 번, 그리고 장 변호사를 한 번 번갈아 쳐다보았다. 그는 자신이 '멸북滅北'을 주장하는 한 보수단체의 간부였다고 소개했다. 그런 이와 '종북 변호사'가 한 공간에 있다니, 이 얼마나 낯설기 짝이 없는 조합일까. 이상한 눈초리를 느꼈는지, 그가 헛기침을 한 번 한 뒤 말을 이었다.

"내 너무나 억울한 사연이 있어 여기까지 찾아오게 되었습니다."

김관섭(81). 그는 과거 반공교육 강사였다. 30년 넘게 전국 방방곡곡을 돌아다니며 "대한민국의 품에 안겨 행복하다"라고 외치고 다녔다.

대성공사에 42개월 동안 감금되어 고문당했던
피해자 김관섭 씨. ⓒ 최형락

'자유 수호'를 입에 달고 다니던 그는 사실, 고문 피해자였다.

박정희를 암살하러 왔습니다

물이 빠지는 때를 기다렸다. 자정 무렵, 그는 바닷바람을 맞으며 마
지막으로 뒤를 돌아보았다. 그리고 40년간 그가 나고 자란 고향 산천
에 작별을 고했다. 지난 세월이 주마등처럼 스쳐 지나갔다. 그러나 지
체할 시간이 없었기에 서둘러 바다 위에 고무 튜브를 띄우고 몸을 실어
야 했다. 손에 쥔 건 권총 한 자루뿐. 1974년 8월 25일 자정. 그는 목숨
을 걸고 드디어 '탈북脫北'했다.

세찬 조류 속에서 7시간 동안 사투를 벌인 끝에 도착한 곳은 경기도
강화군 양사면 교산2리 해안가였다. 숨 고를 틈도 없이 납작 엎드려 총
을 쥔 채 좌우를 살폈다. 이른 아침, 해안가에는 아무도 없었다. 조심

스레 일어나 다시 논두렁을 걸어가던 중 멀리서 인기척을 느꼈다. 남한 땅에서 처음 마주할 사람이 누굴까, 긴장감에 김 씨의 심장이 쿵쿵 뛰었다.

참새 떼를 쫓던 노인이었다. 경계를 풀고 다가가 큰소리로 외쳤다.

"나는 북조선에서 나온 사람입네다. 지서가 어딥니까."

노인은 그를 자신의 동네로 데려갔다. 노인은 동네 사람들에게 '북한에서 사람이 왔다'고 했다. 젖은 속옷 한 장만 겨우 걸친 그를 본 동네 주민 조 모 씨가 그를 자신의 집으로 안내했다. 소식을 듣고 삼삼오오 모여든 주민들 앞에서, 그는 젖은 속옷을 홀딱 벗고 조 씨가 내준 새옷으로 갈아입었다. 생존 본능 앞에 부끄러움 따위는 없었다. 따뜻한 옷으로 갈아입고 나니, 7시간 물질을 하며 잊고 있었던 허기가 몰려왔다. 조 씨에게 총을 맡기고 순식간에 밥을 해치웠다. 식사를 마칠 즈음, 순경 두 명이 들이닥치며 김 씨에게 총을 겨눴다.

"살려주십시오. 저는 북에서 귀순한 사람입네다."

김 씨는 나중에야 알았다. 처음 만난 노인이 포상금을 노리고 '간첩' 신고를 했다는 사실을……. 순경을 따라 경찰서로 간 그는 차를 타고 다시 어디론가 끌려갔다. 차가 멈춘 곳은 서울 영등포구 '대성공사' 앞. 국군 정보사령부가 운영하는 기관이었다. 도착하자마자 샤워를 하고 양치질을 했다. 향긋한 치약 냄새가 인상적이었다. 당시 북한에선 치약이 귀했던 터라 치분(가루치약)을 썼다. 식사가 나왔다. 주는 대로 우적우적 먹어치우고 나니 몸이 나른해져왔다. 긴장이 조금씩 풀리자 이제야 '살았다'는 것을 깨달았다. 이제 남한에 충성할 일만 남았다고 생각했다. 그러나 그를 기다린 것은 모진 고문뿐이었다. 점심을 먹고 쉴 새도 없이 조사관들이 들어와 그를 독방으로 끌고 갔다.

"북한에서 탈출할 궁리를 하느라 일주일간 밥도 못 먹고 잠도 못 잤어요. 또 그날은 물길을 7시간이나 헤엄쳐 왔으니 내 정신이 아니었지요. 그저 살아있으니까 '아, 내가 살아왔구나' 했습니다. 그런 상태에서 바로 조사를 받았어요. 그래도 그렇게 정신없는 와중에도 틀림없이 귀순 동기를 진술했습니다."

이튿날 권 모 조사관이 찾아와 그에게 책 두 권을 던져주었다. 『나는 공작원이었다』와 『나는 여간첩이었다』였다. 왜 이 책들을 주었는지 영문을 몰랐지만, 호기심에 대강 읽어 내려갔다. 그리고 생각했다.

'아, 간첩이 이렇게 교육 받는구나.'

다음 날인 1974년 8월 28일 오전. 권 조사관이 다시 찾아왔다.

"오늘, 김 선생은 고문을 받습니다."

어안이 벙벙한 채 헌병을 따라 고문실로 가는 길, 복도에는 야구방망이, 곤봉 등 고문 도구로 보이는 것들이 즐비하게 놓여 있었다. 그제야 곧 고문당하리라는 것을 실감했다. 사시나무 떨듯 온몸이 덜덜 떨렸다.

"고문이라는 걸 말로만 들었었는데, 제가 왜 고문을 받아야 하는지 몰랐습니다……. 분위기가 살벌해 대들지는 못하고 그냥 눈물만 났지요."

그날 저녁부터 다음 날 새벽까지 그는 혹독한 고문을 당했다. 복도

1부. 간첩 공장의 진실

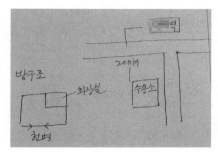
김관섭 씨가 직접 그린 당시 대성공사 내부.
© 서어리

에서 본 곤봉이 먼저 날아들었다.

"너, 문세광이 사건 알지? 박통(박정희 대통령)을 죽이러 온 건가?"

"아닙니다. 저는 남한에 귀순하러 왔습니다."

문세광은 1974년 8월 15일 발생한 '육영수 여사 저격사건'의 범인이었다. 사건 후 열흘 밖에 지나지 않은 터라 나라 분위기가 살벌하던 때였다. 한마디로 때가 좋지 않았다. '남한에 살러 왔다'고 누차 설명해도 아무도 그의 말을 믿어주지 않았다. 헌병들은 포승줄로 상반신을 묶어 바닥에 내동댕이쳤다. 그리고 입과 콧구멍에 수건을 덮고 고춧가루 탄 물을 주전자로 들이부었다. 까무룩 정신을 놓으면 다시 물을 끼얹고 "왜 남한에 왔느냐"라고 물었다. 공포에 질린 그는 결국 눈물을 쏟으며 말했다.

"박정희를 암살하러 왔습니다."

구타, 물세례, 간지럼
3개월간의 끔찍한 고문

물고문은 새벽 4시가 넘어서야 끝이 났다. 화장실에서 소변을 보니 고춧가루 냄새가 확 끼쳤다. 명백한 고문의 흔적이었다.

'왜 그때 고문을 참지 못하고 거짓 진술을 했을까.'

분을 못 이겨 부들부들 떨었다. 그러나 이미 뱉은 말을 주워 담을 수는 없었다. 29일 오전, 김 씨를 가둔 방문이 열렸다. 밤새 그를 고문했던 이들이 고문에 지쳐 늘어져 있는 그를 끌어내 차에 태웠다. 나가려는 차를 누군가 문 앞에서 가로막았다. 대성공사 간부였다. 대성공사는 국군 정보사령부 소속으로, 정보사령관의 허락을 받아야지만 나갈 수 있다고 했다. 중앙정보부 조사관들은 이를 뿌리치고 그냥 나갔다. 남산 중앙정보부에 가서도 독방에 갇혔다. 도착한 당일 한 간부가 찾아와 부드럽고 친절한 목소리로 그에게 물었다.

"정말로 박정희 대통령을 암살하러 왔는가?"

털썩 무릎을 꿇고 눈물을 흘렸다.

"전혀 사실이 아닙니다. 고문이 너무 무서워 거짓말했습니다."

간부는 말없이 나갔다. 그리고 고문이 다시 시작되었다. 중앙정보부에 있는 45일간, 김 씨는 별의별 고문을 다 받아야 했다. 가장 먼저 받은 것은 '잠을 재우지 않는' 고문이었다. 조사관들은 독방에 1미터 높이의 백열등을 매달아 놓고 그 밑에 누워 있게 했다. 눈을 감아도 강한 빛과 열 때문에 도저히 잠을 잘 수가 없었다. 그 뒤에 이어진 '간지럼' 고문의 고통은 상상을 초월했다.

"사람 미치게 만드는 고문 기술이에요. 온몸을 간질이는데, 처음에는 실성한 사람처럼 웃다가 나중에는 정신이 나가고 비명이 터져요. 안 당해본 사람은 모르는 엄청난 고통이에요."

그뿐만 아니라 종일 서 있기도 했다. '박 대통령 죽이러 왔느냐'는 질문에 '아니다'라고 하면 맞고, '그렇다'고 하면 매질이 멈췄다. 어느 날에는 서너 시간 동안 곤봉 등으로 구타를 당해 허벅지에서 피가 터지고, 또 어느 날에는 포승줄에 손목 피부가 다 벗겨지기도 했다. 온몸은 어느새 만신창이가 되었다. 고문받을 때는 고통을 참지 못해 "박정희를 잡으러 왔다"라고 했다가, 고문이 끝나면 후회하고 "거짓 진술했다"라고 답하는 일이 반복되었다. 어느 날 김 씨를 부축해 화장실로 데려가던 헌병이 속삭였다.

"오락가락 말하면 안 돼요. 솔직하게 말하세요."

45일 동안의 모진 고문이 끝나고, 다시 대성공사로 이송되었다. 처음 고춧가루 물고문을 했던 조사관들이 나타났다.

"예전에 여기서 신문받을 때, 고춧가루 냄새는 안 났었지?"

강압적인 말투. 고문 사실을 부인하라는 압력이었다. 기가 막혔다. 하지만 또 고문을 당할까 봐 겁이 났다.

"생각이 잘 안 납니다."

끝난 줄 알았던 고문은 끝이 아니었다. 이번에는 다른 조사관들이 등장해 그에게 소주를 억지로 먹이고 곤봉으로 온몸을 수없이 내리쳤다. 중앙정보부에서 생긴 허벅지의 피딱지가 채 아물지 않은 상태에서, 또다시 허벅지를 집중적으로 얻어맞자 피가 줄줄 흘렀다. 한 달 동안 걸을 수도 없었다.

그러면서 계절이 바뀌었다. 눈이 오던 어느 날, 그는 두 평짜리 특수 독방으로 옮겨졌다. 콘크리트 맨바닥에서 냉기가 올라와 온몸에 오스스 소름이 돋았다. 특수독방에 갇히자 헌병들 사이에서 소문이 돌았다. '김관섭이가 곧 죽을 것 같다'고. 친한 헌병이 그에게 말했다.

"선생님, 죽을 것 같은 상황이 오면 '대한민국 만세'를 세 번 외치세요."

이제는 정말 고문을 받다 죽을 수도 있겠다는 생각이 들었다. 그는 결심했다.

'차라리 죽자.'

속옷을 찢어 끈을 만들고 그걸로 목을 맸다. 그러나 끈은 허무하게 끊어져버렸다. 김 씨는 죽는 것도 마음대로 할 수 없는 처지가 서글퍼 엉엉 울었다. 독방에서 자살을 시도한 사실을 들키면, 또 고문을 당할지 몰라 허겁지겁 하수구에 끈을 감췄다. 이틀 뒤, 독방 문이 열렸다. 헌병은 김 씨를 어디론가 데려갔다. 식당이었다. 한상 가득 푸짐하게 음식이 차려져 있었다.

대한민국 만세, 만세, 만세!

"오늘 저녁, 김관섭이는 죽는다."

죽음이 코앞에 다가왔는데도, 독방에서 이틀을 굶어서 그런지 식욕이 돌았다. 허겁지겁 음식을 먹고 나니 헌병들이 속옷만 남긴 채 옷을 모두 벗기고 검은 보자기를 씌웠다. 그 상태로 차에 실려 한두 시간쯤 끌려 다니고 나서야 차문이 열렸다. 보자기가 벗겨졌다.

"김관섭이, 할 말 있으면 해보라."

며칠 전 헌병이 귀띔해준 게 생각나 크게 외쳤다.

"대한민국 만세, 만세, 만세!"

죽기 아니면 까무러치기 심정이었다. 조사관들이 그를 어떤 방으로 데려갔다. 난롯불이 켜져 있었다. 11월 초겨울 날씨에 땡땡 언 몸 위로 훅 하고 더운 김이 끼쳤다.

'이제 산 건가?'

북한을 떠난 후로 몇 번이고 죽을 위기에 처했던 터라 긴장을 놓을 수 없었다. 눈치를 슬슬 보고 있으려니 누군가 그에게 다가왔다. 고춧가루 물고문을 했던 이들 중 한 명인 김 모 조사관이었다. 김 조사관은 삿대질을 하며 벼락같이 호통쳤다.

"야, 김관섭이! 너, 진짜 간첩 맞지? 간첩이 아니라면 그렇게 맞았는데도 '대한민국 만세'라는 말이 나오겠어?"

'아차' 싶었다. 그렇지만 '헌병이 시키는 대로 말했다'고 답할 수도 없

오른쪽 선글라스를 낀 사람이 대성공사
조사관 김 모 씨이다.
©김관섭

는 노릇이었다. 눈을 질끈 감았다 뜬 뒤, 기어들어가는 소리로 말했다.

"아닙니다. 저는 정말로 대한민국이 좋아 그리 말했습니다."

대충 얼버무린 답변이었다. 김 모 조사관이 세모꼴 눈으로 한참을 노려본 뒤 자리를 떴다. 나중에야 알았다. '왜 욕을 하지 않고 만세를 외치느냐'며 조사관이 캐물었지만, 간첩 의심은 이미 풀린 상태였다는 것을……

3개월간의 고문이 끝나고 중앙정보부에 끌려가 다시 5일간 신문을 받았다. 그러나 예전 같은 가혹 행위는 없었다. 간첩이 아닌 귀순자임을 드디어 인정받았다고 생각했다. 그렇게 생각할 여지가 충분했다. 대성공사에 수용된 탈북자들은 일거수일투족을 감시받아 화장실에 가는 것조차 자유롭지 않았다. 그런데 어느 날부턴가, 대성공사 직원들이 김 씨를 목욕탕이나 화장실에 혼자 보내기 시작했다. 무고함이 밝혀졌으니 당연히 대성공사 바깥으로 나갈 수 있을 줄 알았다. 그러나 하루 이틀, 일주일, 한 달이 지나도록 내보내겠다는 이야기는 없었다.

고문은 끝났으나 이번엔 희망고문의 시간이 찾아온 것이었다.

"수용 생활을 성실히 하면 곧 나간다."

대성공사 조사관들은 그에게 이렇게 말했다. '조금만 기다리면 나가겠지, 조금만 참으면 감금 생활이 끝나겠지.' 하루하루를 손에 꼽았다. 그러나 감금은 계속되었다. 이유가 뭘까, 골똘히 생각했다. 아무도 설명해주는 이가 없어 짐작만 할 뿐이었다. 의심이 풀렸는데도 여전히 신문이 끝나지 않는 상황이라면, 그에 대한 답은 하나밖에 떠오르지 않았다. '진급' 문제였다. 그가 귀순하기 열흘 전 일어난 '육영수 저격 사건' 때문에 정부의 관심은 온통 '간첩 잡기'에 쏠려 있었다. 민간인 간첩 신고자에 대한 포상도 후했으니, 정보부 직원들에 대한 공치사는 말할 것도 없었다.

"윗선에다가 날 간첩이라고 보고한 마당에 이제 와서 '김관섭이 귀순자요'라고 할 수 없으니까 끝까지 간 거죠. 진급에서 밀려날까 봐 그냥 입 다물고 있던 겁니다. 간첩으로 의심되는 사람을 때려잡아서 상을 받는 거지요. 만약에 진짜 간첩이면, 그건 좋다 이겁니다. 남북 대결이 한창 심할 때였으니 이해 못 하는 것도 아닙니다. 하지만 반대 경우에는 책임이 따라야 하는 것 아닙니까? 때려잡았는데 간첩이 아니면 책임을 져야지요. 간첩이 맞으면 좋고, 아니어도 책임질 일이 없으니, 이런 경우가 어디 있습니까."

남한에 온 지 1년이 다 된 1975년, 김 씨를 위한 귀순용사 환영행사가 열렸다. 목에 화환을 걸고 남한 주민들에게 손을 흔들었다. 정보부 사람들이 사진도 찍어줬다. 그러나 김 씨의 귀순 환영식은 다른 귀순자 때와는 달랐다. 일반적으로 환영행사 식순에는 기자회견이 포함되어 있었는데, 그의 환영식에선 회견이 쏙 빠져 있었다. 그러니 당연히 언론에서도 그의 소식을 찾아볼 수 없었다. 환영식 후 대성공사를 나와 민간 생활을 시작하는 다른 귀순자와 달리, 그는 민간인이 될 수도 없었다. 그는 다시 정보부 직원들의 감시를 받으며 대성공사에 들어가야 했다.

오줌에서 나던 고춧가루 냄새를 어찌 잊겠습니까

김 씨가 대성공사에 갇혀 있는 동안 다른 탈북자들이 몇 명이나 들어왔다 나갔다. 그가 아는 한, 자신이 대성공사 최장기 수용자였다. 왜 유독 자신만 이렇게 오래 갇혀 있어야 하는지 누구도 알려주지 않았다. 하지만 김 씨는 나서서 따지지도 않았다. 항의해서 나갈 수 있는 것이라면 진작 내보내줬을 거란 생각에서였다. 끔찍했던 고문의 기억들이 떠올랐다.

김 씨는 빠르게 현실을 받아들였다. 어차피 그의 목숨과 운명은 남한 정부와 정보부 직원들에게 달려 있었다. 언제 다시 간첩이라고 몰아세우며 방망이로 두들겨 패고 물고문을 할지 모를 일이었다. 어디선가 '잘만 하면' 정보부 직원들이 좋은 집과 직업도 구해준다는 이야기를 들었다. 자신의 목숨 줄을 쥔 그들에게 잘 보이려 할 수밖에 없었다. 물어보고 싶은 것, 억울한 일들……. 모두 다 가슴 속에 묻어두었다.

그를 고문했던 조사관들도 그를 전처럼 마구 대하지는 않았다. 인간 대우를 받으니 그래도 좀 살 만했다. 조사관들은 가끔씩 그를 밖으로 데리고 나가 맛있는 음식을 사주었다. 술도 사주고, 윤락 여성이 있는 자리에 그를 초대하기도 했다. 인간적으로 가까워지면서 조사관들과의 관계도 점점 협력적으로 변했다. 북한군 전방부대 지휘관 출신이었던 그가 대성공사에서 주로 한 일은 북한군의 정보를 제공하는 것이었다. 그가 넘긴 북한 정보만 500여 건에 달했고, 이 가운데 129건은 군 당국에 의해 고급 정보로 채택되었다. 당시만 해도 북한군 전방부대 지휘관이 남한으로 넘어온 사례가 극히 드물었다. 그래서 남한 정보당국이 보유한 북한 정보는 턱없이 부족했다.

"그때 남한에선 북한군에 대한 정보가 거의 바닥 수준이었어요. 당시 북한 군인들은 '승리'라는 담배를 피웠는데, 이게 남한 군인들이 피우는 '청자' 담배보다 맛이 좋았지요. 그런데 나를 고문한 조사관들은 북한 담배 이름도 모르더라고요."

장교 출신인 그는 서류 작성에 능숙했다. 바쁠 때면 조사관들이 할 일을 대신해주기도 했다. 조사관들보다 일을 더 잘한다는 자부심을 느낄 기회이기도 했다.

"조서 쓰는 걸 보니 영 시원치 않더라고요. '어이, 양반들, 내가 할 테니 다 쉬시오' 하고 내가 조서를 싹 다 가져가서 써줬습니다."

그는 다른 '귀순자'들을 회유하는 일도 했다. 귀순한 이들 중에는 다시 북한으로 가고 싶어 하는 이들도 있었다. 조사관들은 족족 '김관섭 선생'을 찾았다. 가장 대표적인 경우가 북한 어선 부선장이었던 오 모 씨 사건이다. 오 씨는 선원 여덟 명과 함께 고기잡이 어선에 올랐다가 안개 탓에 남쪽으로 항로를 이탈하는 바람에 남한 군함에 나포된 사람 이었다. 남한에 남기로 한 선원 여덟 명과 달리, 오 씨는 북으로 가겠다는 입장을 고수했다. 김 씨는 그런 오 씨를 설득해 남한에 정착하도록 했다. 당시 언론에서는 오 씨의 귀순을 대서특필했다. 조사관들의 고압적인 태도에 반발하는 탈북자들을 달래는 것도 김 씨의 몫이었다.

"한강 하류를 헤엄쳐 내려온 어떤 아이가 있었는데, 조사관들한테 북한 정보도 안 주고 그래서 매를 벌었어요. 몽둥이로 맞고 욕 듣고 그럴 때마다 '내가 죄인이냐'고 씩씩거려서, 제가 몇 번을 잘 이야기했지요. '대한민국에 왔으니 여기 사람 말을 들어야 할 것 아니냐'고요."

조사관들이 말한 대로 그는 '모범수'가 되는 길을 택했다. 조사관들을 대신해 열심히 조서를 썼고, 반공 강연 강사로 불려 나갈 때마다 열심히 '멸북'을 외쳤다. 수용 생활을 잘했다며 조사관들이 책을 쓰라고 권할 정도였다. 북한을 탈출했으니 틀림없이 북한 사람은 아니었다. 그렇다고 정식으로 남한 사람이 된 것도 아니었다. 그가 대성공사에서 '열심히' 한 모든 일은 하루라도 빨리 남한 사람으로 인정받기 위해 한 것이었다. 그는 남한 정부에, 남한 정보기관에 알아서 기었다. 대성공사에서 지낸 시간은 그를 이렇게 길들였다. 그렇게 3년 6개월이 지난

1부. 간첩 공장의 진실

1978년, 그는 대성공사에서 풀려났다.

국가는 사과 한마디 없었다. 보상도 없었다. 간첩으로 몰려 죽을 고비를 넘기고 어렵사리 남한 사회에 풀려난 그를 기다린 것은 차디찬 홀대였다. 탈북자들은 '귀순 용사'라며 대접받던 시절이었다. 대성공사만 나가면 자신 역시 좋은 대접을 받을 줄 알았다. 그러나 그가 받은 정착 지원금은 다른 탈북자들에 비해 터무니없이 적었고, '귀순 용사'라며 떠들어댔던 언론의 환대도 없었다. 보통 북한군 출신이면 경력을 인정받아 군에 들어갔지만, 그는 중대장 출신 경력인데도 예외로 남았다. '간첩' 의심을 받았다는 이유 때문이었다. 대성공사를 나가기만 하면 뒤를 봐줄 것처럼 이야기하던 조사관들도 그를 외면했다. 3년 6개월이라는 긴 시간 동안, 그가 아는 북한 정보들을 가져갈 만큼 다 가져간 뒤였다. 그러니 조사관들이 먼저 연락할 이유가 없었다. 본인 경조사 때나 가끔 전화를 걸 뿐이었다.

그토록 원하던 '자유 광명'을 찾았지만, 남한 사회에서 그는 낙동강 오리알 신세나 다름없었다. 대성공사에 있을 적엔, 이곳만 나가면 뭐든 할 수 있을 줄 알았다. 그러나 태어나서 한 일이라곤 총 드는 것밖에 없던 그가 남한에서 민간인으로서 할 수 있는 일은 거의 없었다. '남한이 어떻게 나에게 이럴 수 있느냐'고 수없이 외치고 싶었지만 그때마다 다시 입을 꾹 다물었다. 대성공사를 나오긴 했으나 '까딱 잘못하다간 죽을 수도 있다'는 두려움은 여전했다. 맨몸으로 살아남아야 했다. 결국, 가진 것도 없고 기술도 없었던 김관섭 씨는 대성공사에서 하던 대

학교에서 '반공' 강연을 하는 김관섭 씨.
© 김관섭

로 반공 강연에 나갔다.

"내가 매는 맞았지만, 자유민주주의 체제를 수호한다는 마음으로 안보 강연을 했어요. 기업체에서 강연하면 돈을 많이 주긴 했지만, 그래도 저는 국가에 충성하는 마음이 더 컸으니 국정 교육만 했습니다. 그게 제 자부심이었어요."

쥐꼬리만 한 급료 중 일부는 대성공사 직원들이 떼어갔다. "우리들이 소개해준 거나 다름없지 않느냐. 기름 값이라도 하자"라며 중개료 명목으로 알아서 몇 푼 챙긴 것이다. 괘씸했지만 백수 처지에 다른 도리가 없었다. 일거리가 들어오는 대로 군대, 학교, 촌 동네 할 것 없이 찾아가 외쳤다. '북한은 나쁘다'고. '북한 인민군 중대장 출신' 꼬리표 덕에 그의 반공 교육은 입소문을 탔다. 대성공사에서 나온 이듬해인 1979년에만 200번의 강연을 했다. 30년이 흘러 강연 횟수를 헤아려보니 자그마치 4000회에 달했고 수강 인원은 130만 명이 넘었다. 그동안 그의 명함에 찍혔던 직함도 여럿이다. 민주평화통일자문위원, 국민홍

보위원, 통일부 통일교육 전문위원, 민방위 소양강사……. 안보에 이
바지한 공을 인정받아 대통령 표창과 국민훈장을 받기도 했다. 남한이
옳고 북한이 그르다는 생각은 예나 지금이나 다르지 않다. 그러나 그
는 수없이 많은 안보 강의를 하면서도, 고문당하며 3년 넘게 수용당했
던 일이 늘 억울하고 분했다고 토로했다.

"제가 남한 자유민주주의 체제를 옹호하는 것과 무고한 사람을 간첩
으로 만든 국가에 항의하는 것은 별개의 일입니다. 간첩이 아닌 거로
밝혀졌을 때 국가가 바로 사과하고 적절한 보상을 했더라면, 죽을 때가
다 된 제가 이렇게까지 하지는 않을 겁니다."

간첩 남편, 간첩 아버지

안보 강사로 자리를 잡을 무렵인 1979년, 결혼소개소에서 만난 여자
와 결혼했다. 당시 귀순 용사는 인기가 좋아 어렵지 않게 상대를 구할
수 있었다. 하지만 결혼 생활은 순탄치 않았다. 아내는 아들을 낳은 지
4개월 만에 집을 버리고 떠났다.

"말도 안 하고 떠났으니, 왜 나를 떠났을까 혼자 생각만 했죠. 아마
돈 때문인 것 같더라고요. 다른 귀순 용사들은 환영식도 '삐까뻔쩍'하
게 하고 정착지원금도 잘 받고 잘 나가니까, 나도 그럴 거라고 믿고 결
혼한 걸 텐데 실제로는 그렇지 않았으니까요."

아내가 없으니 당장 아이 키우는 일이 막막했다. 안보 강연에 나갈 때마다 아는 탈북자에게 아이를 맡겼다. 얼마 되지 않던 수입은 몽땅 보육료로 나갔다. 보육료에, 월세에 허리가 휠 지경이었다. 적은 돈이 나마 수입에 보탤까 싶어, 뭐라도 일을 찾아보면 사기를 당하기 일쑤였다. 주변에 도와주는 사람이 없으니 남한 사정에 훤할 리 없었다. 믿고 의지할 수 있는 남한 사람이 필요했다. 다시 결혼 상대를 찾았다.

이혼 후 10년 만에 재혼에 성공했지만, 두 번째 결혼 생활 역시 그리 길지 않았다. 처가 식구들은 다른 탈북자들과 달리 수입이 적고 수용 생활이 길었던 그를 수상하게 여겼다. 의심이 길어지자 그는 마지못해 아내에게 간첩으로 몰려 고생했던 일들을 털어놓았다. 정말 어렵게 꺼낸 이야기였다. 그러나 이해와 공감을 바라고 솔직하게 터놓은 이야기는 도리어 그에게 독이 되었다. 아내와 처남은 그를 진짜 간첩으로 의심했다. 처남은 고등학생이었던 아들에게도 '네 아버지가 간첩인 것 같다'고 말했다. 사춘기가 한창이었던 아들은 결국 집을 나갔다. 고문 후유증으로 성 기능도 좋지 못했다. 아내의 불만은 쌓여갔고, 그는 다시 이혼 전철을 밟아야 했다. 자신을 떠난 처자식이 원망스러웠지만 한편으론 그들의 선택이 이해가 되기도 했다. 체념할 수밖에 없었다.

불행은 끝나지 않았다. 1998년 어느 날, 여느 때처럼 강연장으로 가던 길이었다. 횡단보도를 건너는데 갑자기 차가 나타나 그를 들이받았다. 한순간 몸이 붕 떴다 '쿵' 하고 떨어졌다. 다리가 부러졌다는 것을 본능적으로 알았다. 그러나 그는 병원 대신 안보 교육장으로 향했다.

김관섭 씨는 고문 및 교통사고 후유증으로 거동이 매우 불편하다.
© 서어리

식은땀을 삘삘 흘리며 북한 군대에 대해 설명하던 그는 자신도 모르는 사이 까무룩 정신을 놓고 말았다. 그렇지 않아도 곤봉으로 맞은 후유증 탓에 허벅지 통증을 겪어왔었는데, 사고까지 당하면서 결국 지체장애인 판정을 받게 되었다. 나이가 들자 그동안 간간이 들어오던 강연마저 끊겼다. 현재 여든을 넘긴 김 씨는 기초생활보장 수급자이다. 6평짜리 단칸방에서 혼자 밥을 하고 빨래를 하고, 혼자 잠이 든다.

김 씨는 밤이 두렵다. 자다가도 몇 번씩 몸부림치며 일어난다. 등에는 식은땀이 흥건하다. 간신히 정신이 들어 한숨을 돌릴 때면 욱신욱신 허벅지가 쑤셔온다. 어둠이 쏟아지는 밤마다 그는 늘 똑같은 악몽에 시달린다. 40년 전 끔찍했던 '그날들'은 지금까지도 몇 번이나 꿈속에서 생생하게 재현된다. 머리가 기억하고 몸이 기억하는 일, 아무리 잊으려 애를 써도 소용없다. 단칸방에서 홀로 사는 노인은 어둠 속에서 다리를 주무르며 다시 잠에 들기만을 기다린다.

"제 인생이 너무 비참합니다. 북에 있는 가족들과도 생이별하고 왔는데 남한에서도 가정이 파탄 났으니…… 이제 저한테 남은 건 아무

것도 없어요. 돈도 없고, 가족도 없고 잘 걷지도 못해요. 이렇게 어렵게 살려고 남한에 온 게 아닌데. 내가 간첩으로 몰리지만 않았어도 다른 귀순 용사들처럼 대접받고 잘 살고 있을 텐데…….”

죽기 전에 한 번이라도
다 털어놓고 싶었습니다

그는 대성공사 시절 자신이 한 일들에 대해 “보람 있었다”라고 말했다. 북한을 탈출한 이상, 그가 협조해야 할 곳은 북한이 아닌 남한이었다. 그러니 남한을 위해 할 수 있는 일을 찾은 것은 다행이었다. 대한민국이라는 국가에 대해 그가 느끼는 감정은 양가적이다. 비록 대한민국은 그를 고문했지만, 어쨌거나 그가 증오한 북한의 대치 국가이며 앞으로 발붙이고 살 새로운 조국이기도 했다. 눈에 보이지는 않지만, 남한에 대한 애국심은 언제부턴가 그의 가슴속에 자리 잡았다. 수개월 동안 당했던 끔찍한 고문도 ‘조국을 위한 희생’이라고 여겼다.

조사관들에 대한 감정도 마찬가지였다. 온갖 고문에 시달리던 지옥 같은 시절, 자신에게 소소한 친절을 베풀었던 조사관이나 헌병에 대해서는 고마운 마음이 들었다. 따지고 보면 그들 역시 가해자인데도 말이다. 그래서 그는 대성공사를 나온 뒤에도 조사관들의 관혼상제를 꾸준히 챙겼다. 자신을 무지막지하게 고문했던 허 모 조사관의 모친 상가에 갔던 기억은 지금도 생생하다.

"정보부 사람들이 많이 왔더라고요. 그래서 오래 있을 수가 없어서 '허 선생님, 나 갑니다' 하고 나왔어요. 그랬더니 그자(허 조사관)가 나를 계속 따라 나오는 겁니다. 모습을 보아하니 나한테 무척 미안해하는 것 같았어요."

어쩐지 안쓰러운 마음도 들었다. 악연이었어도 정이 드는 것은 어쩔 수 없었다. 그도 그들도 따뜻한 체온을 지닌 '인간'이니까. 사람들이 묻는다. 내내 조용히 지내다 왜 이제 와서 다 지난 일을 쑤시고 다니느냐고……. 그는 한마디로 말한다.

"인간이니까."

인간이라서 조사관들에게 친밀함도 느꼈다. 그러나 동시에 인간이기 때문에, 고문당하며 존엄성을 잃어가던 그때의 기억을 잊을 수 없다. 함께 웃고 밥 먹고 술 마신 세월로도 씻을 수 없는 분노가 그의 가슴 속에 응어리져 있다.

"내가 인간인데, 인간 대접을 못 받지 않았습니까. 죽기 전에, 한 번이라도 다 털어놓고 싶었습니다. '내가 왜 고문을 받아야 했느냐'고. '망가진 내 몸과 마음을 누가 책임질 것이냐'고요. 이렇게 소리라도 질러야지 내 여생 길이 편안해지지 않겠습니까."

생사람을 고문해놓고
아니라고 하니……

2014년 12월, 미국에서 충격적인 보고서 하나가 공개되었다. 9·11 사건 이후 미 중앙정보국CIA의 테러 용의자 고문 실태를 담은 것이었다. 7일 이상을 잠 못 들게 하거나, 체내에 물을 주입하는 고문, 불을 밝게 켜놓은 사방이 하얀 방에 사람을 넣고 큰 소리로 음악을 듣게 하는 '감각 이탈' 고문까지……. CIA가 비밀 시설에서 알카에다 대원들에게 자행한 고문은 실로 끔찍했다. 신문을 펼쳐 보던 김 씨는 "이게 다 내가 당한 고문과 비슷한 것 아닙니까"라고 말했다. "그다지 놀라운 기법은 아니"라고 했다. 김 씨를 놀라게 한 것은 미국 정부의 대응이었다. 보고서 공개에 환영 입장을 밝히고 고문 금지를 약속한 것이다. 김 씨가 말했다.

"한국에서는 이렇게 과거에 천인공노할 만행을 스스로 까발린 일이 있습니까? 제가 고문 받은 건 40년도 더 지난 옛적의 일입니다. 깔끔하게 사실을 인정하고 '다신 그런 일 없도록 하겠다'고 하면 될 것을, 우리 국가정보원에서는 오리발만 내밀고 있습니다. 미국 사례에 비춰 보면 참 부끄러운 일입니다."

대성공사 수용 생활 이후 고문 후유증과 가난에 시달리는 김 씨를 주변 귀순자들은 딱하게 여겼다. 지인들은 그에게 '국가에 배상이라도 받아내야 하지 않겠느냐'고 했다. '뒤늦게 무슨 소용일까' 고민하다가 결국 2007년, 국가인권위원회에 대성공사 시절 가혹 행위에 대한 피해 보상과 국가유공자 지정을 요구하는 진정서를 제출했다.

그러나 김 씨를 독려했던 귀순자들 모임인 '통일연구회' 사람들이 그를 만류하기 시작했다. 그들이 국정원으로부터 정기적으로 받는 지원금이 끊긴다는 것이었다. 이들의 간청을 뿌리칠 수 없었다. 진정서를 철회했다. 체념한 채로 다시 시간이 흘렀다. 그러던 2014년 2월. '유우성 간첩 조작 의혹 사건'으로 나라가 들썩였다. 지금이야말로 때가 왔다고 판단했다. 7년간 묵혀두었던 진정서를 다시 꺼내 다듬은 뒤, 청와대에 제출했다. 두 달 뒤 청와대를 경유해 국정원 측에서 작성한 답변서가 날아왔다. "가혹 행위를 뒷받침할 근거가 없다"라는 내용이었다. 당시 조사에 참여했던 신문관 중 일곱 명은 사망했거나 소재 파악이 안 되는 상황이었고, 나머지 생존자 세 명은 "고문과 인권유린 사항은 잘 모르겠다"라고 답했다는 것이다.

"생사람을 고문해놓고 아니라고 하니 분통이 터집니다. 엉터리 답이 올 줄은 알고 있었어요. 간첩 증거 위조 사건으로 국정원 존립 자체에 문제가 생긴 판국이었으니까요."

같은 내용의 진정서를 다시 인권위에 보냈지만 여기서도 답변이 신통치 않았다. 인권위는 인권위원회법 제32조 제1항 제4호의 규정에 따라 "1년 내 사건이 아니라는 점"을 들어 진정서를 각하 통보했다. 대성공사 수용 당시의 고문 사실을 증명해내기는 쉽지 않다. 이미 너무나 많은 시일이 흘렀기 때문이다. 김 씨를 고문했던 신문관들 중 다수는 이미 죽거나 생사가 불분명하다. 생존한 이들의 경우에도 혐의를 발뺌하면 그만이다. 이제 와서 '이근안처럼 고백하라'며 설득하기도 쉽지 않은 것이 사실이다. 답답한 마음에 그가 찾은 사람은 '간첩 전문 변호사', 극우 단체 표현에 따르면 '종북 변호사'로 알려진 민주사회를 위한 변호사 모임(이하 민변) 소속의 장경욱 변호사였다. 김 씨와 몇 차례 만나 면담한 장 변호사는 혀를 내둘렀다.

"평생 안보 강연 다니고 보수단체 간부를 지내신 분이 '종북 변호사'로 알려진 저에게 찾아와 변호해달라고 하다니, 이게 얼마나 아이러니한 일입니까?"

김 씨는 80세 노구의 몸을 이끌고 국가를 상대로 한 싸움을 준비해 2015년 8월, 국가배상소송을 제기했다. 장 변호사의 주선으로 국가 폭력 피해자 지원 단체인 비영리민간단체 '민들레'의 후원을 받을 수 있었다. 고문 사실을 직접적으로 증명할 자료는 없었지만, 대성공사에 3년 6개월 동안 갇혀 있었다는 사실은 군에서 보관 중인 귀순자 공적 조서에 나와 있었다. '3년 6개월' 수용 사실이 진실을 밝히는 단초가 될 수 있다는 게 김 씨와 변호인단의 생각이었다.

2014년 12월에는 김무성 당시 새누리당 대표 앞으로 편지를 보냈다. "고문과 인권유린 사실을 나 몰라라 외면하고 심지어 은폐하는 현실을 보고 국가에 대한 믿음이 무너졌다"라며 면담을 요청한 것이다. 그는 "새누리당에서 저를 그냥 무시할 순 없을 것"이라고 말했다. 김 씨는 사실 박근혜 정권이 들어서는 데 기여했다. 지난 2012년 18대 대선 당

1부. 간첩 공장의 진실

박근혜 당시 새누리당 대통령 후보
에게 받은 임명장. ⓒ김관섭

시, 박근혜 대선 후보 캠프에서 위촉장이 날아왔다. 김 씨가 '100% 대한민국 대통합위원회 지역통합본부 수도권통합본부 남북소통위원회 고문'으로 임명되었다는 것이었다. 그는 탈북자들에게 전화를 돌리고 '1번'을 권유했다. 김 씨와 같은 많은 탈북자들의 지지에 힘입어 당선된 박 대통령은 거듭 '통일 준비'를 주문했다. 김 씨는 통일에 대비하는 차원에서라도 정부가 나서서 자신과 같은 고문 피해자 문제를 해결해야 한다고 말했다. 그는 "통일 국면에서 탈북자들의 역할이 아주 중요하다"라고 강조했다.

"이산가족 상봉이라도 해서, 최고로 좋은 일은 탈북자들이 북에 있는 가족들에게 '대한민국과 남한 사람들이 참 좋다'라고 말하는 것 아니겠습니까. 그런데 저 말고도 억울하게 고문당한 사람이 많습니다. 그 사람들이 다 '대한민국이 나를 고문해놓고 사과도 하지 않고 힘들게 했다'고 말하면, 어느 북한 사람이 그걸 듣고도 남한에 오고 싶겠습니까. 남한을 미워하는 탈북자들이 많아지는 것이야말로 북에 이로운 일입니다."

1. 대한민국이 나를 고문했습니다　　　　　　　　　　　　　43

끝나지 않은 싸움,
국가가 어서 인정하고 사과해야

김 씨가 한창 '전투'를 준비하던 2014년 겨울, 반가운 소식이 들려왔다. 15년 전 행방불명된 아들 정현 씨한테서 연락이 온 것이다.

"아들이 집에 온다고 해서 청소를 깨끗이 해놨는데, 제 집을 빙 둘러보던 녀석이 저한테 '아빠 불쌍하구나'라고 하더라고요. 얼마나 속상하던지……. 그래도 이번에 만나 이야기하면서 오해가 다 풀렸어요. 아들이 저한테 힘드셨겠다고 하더라고요. 감격스러웠습니다. 늦었지만 이제라도 알아줘서."

서른 중반의 아들은 이제야 아버지를 이해할 수 있게 되었다.

"저는 그때 아버지가 가족을 다 속였다고 생각했어요. 다른 사람들과 다른 가정환경인 것도 싫었고. 그런데 슬슬 나이를 먹다 보니, 제가 철이 없었다는 걸 깨달았어요. 가족이 서로 믿고 의지해야 하는 건데……. 아빠가 예전에 어떤 힘들고 억울한 일을 겪었는지 최근에야 알았어요. 그런 일만으로도 힘들었을 텐데, 저도 떠났으니 정말 죄송한 마음뿐이에요. 이제 잘해드려야죠."

음식점 배달원인 정현 씨는 성실함을 인정받아 사장 내외와 사이가 무척 좋았다. 어느 날 정현 씨는 사장 내외에게 아버지에 대한 이야기를 터놓았다. 정현 씨의 이야기를 들은 사장 내외는 그에게 편지 한 통을 건네주었다. '아버님께 갖다 드리라'는 것이었다. 부자는 함께 네 장에 걸친 긴 편지를 읽었다.

"거칠고 적응하기 쉽지 않은 남한 사회에서 많은 우여곡절과 배신을 겪으면서 얼마나 실망과 분노와 좌절을 느끼셨는지요. 대한민국 한 사람으로서 제가 다 부끄럽습니다……. 고스란히 나에게도 그 애잔함이 느껴졌습니다. 이제! 아주 깊이 옛날 생각을 영원히 묻어버리세요."

김 씨는 편지에서 오래도록 시선을 떼지 못했다.

"그래도 지금까지 버티고 산 보람이 있습니다. 아들도 다시 만나고, 이런 응원 편지도 받고."

김 씨는 "지원군도 생겼으니, 더 힘을 내겠다"라고 했다. 2015년 2월에는 청와대 분수대 앞에서 '대통령님, 탈북자 고문 사실 밝혀주십시오'라는 문구가 적힌 피켓을 들고 1인 시위를 벌였다.

"청와대에 시위를 하러 오니 감회가 남다르더라고요. 예전에 훈장을 받은 덕분에 청와대 초청을 받아 노태우, 김영삼, 김대중 대통령을 다 만났긴 했는데, 말할 용기도 기회도 없어서 억울한 이야기를 할 수 없었거든요. 이번에 박근혜 대통령을 만나지는 못했지만 이렇게라도 청와대 앞에서 1인 시위를 하니 속이 후련합니다."

2016년 현재 인권위에서는 김무성 의원실을 통해 들어온 요청에 따라 김 씨 일을 조사 중이다. 그렇다고 희망을 품기에는 여전히 어려운 상황이다. 담당 조사관은 2007년 답변과 마찬가지로 '1년 이내 사건이 아니라서 진정서가 받아들여지지 않을 확률이 높다'며 비관적으로 전망했다. 소송도 마찬가지다. 변호사들은 김 씨의 소송에 대해 '이기기

청와대 앞에서 1인 시위 중인 김관섭 씨.
© 서어리

쉽지 않은 싸움'이라고 입을 모았다. 그러나 김 씨는 소송이든 인권위 진정서든 결과에 연연해하지 않겠다고 했다. 그는 아무리 오랜 시간이 걸리더라도, 또 설령 지더라도 증언을 멈추지 않겠다고 말했다.

"우리도 일본에 일본군 위안부 진실을 제대로 밝히라고 하지 않습니까. 북한에도 천안함 사건을 사실대로 이야기하라고 하고요. 그럼 대한민국도 진실을 밝혀야 합니다. 우리부터가 거짓 냄새가 나는데 어떻게 남한테 진실을 이야기하라고 할 수 있습니까. 우리 내부에서 인권 유린하고 고문하는 비인간적인 사실들이 지속되는 한, 사과하라고 보상하라고 할 명분이 없습니다. 자유를 찾아 남한에 온 탈북 귀순자를 무고하게 간첩으로 몰고 잔인하게 고문했던 과거의 일들을 국가가 어서 인정하고 사과하기를 바랍니다."

2015년 8월 김관섭 씨가 국가배상청구소송을 제기한 것에 대해 현재 재판이 진행 중이다. 초기 재판부는 김 씨의 대성공사 수용 생활이 1978년 3월에 종료되었고, 따라서 소멸시효 기간인 3년이 지났으므로

1부. 간첩 공장의 진실

소송을 각하한다고 발표했으나, 변호인 측의 변론 재개 신청을 다시금 받아들인 상태다. 김 씨의 소송은 비영리 민간단체 '민들레: 국가 폭력 피해자와 함께하는 사람들'이 시작한 국가 폭력 피해자 법률지원 사업의 첫 사례다.

탈북자들은 어떻게
국가권력의 노예가 되었나

대한민국 땅을 밟자마자 간첩 누명을 쓰고 고문까지 당한 김관섭 씨. 그는 대성공사만 나가면 고문받은 것에 대한 정당한 보상을 받고, 북한 정보를 넘긴 데 대한 공도 인정받을 것이라 믿었다. 그러나 착각이었다. 여전히 찬밥 신세였다. 여든을 넘기고서야 깨달았다. 자신은 대한민국에 이용당한 뒤 내팽개쳐졌다는 것을.

김 씨는 "정부나 정보기관은 탈북자들을 보듬고 보호할 국민이 아니라 언제 어떻게든 이용할 수 있는 도구쯤으로 본다"라고 불만을 터뜨렸다. 김관섭 씨를 비롯한 많은 탈북자들이 대한민국 사회에서의 탈북자들의 처지를 한탄했다. 쓰고 버려지는 '소모품'. 이것이 이들 자신의 처지를 공통적으로 묘사하는 표현이었다.

탈북자들을 가장 적극적으로 '활용'하는 주체는 국가정보원 등 정보기관이다. 국정원은 간첩 사건마다 탈북자들을 핵심 증인으로 세운다. 또 불리한 국면마다 언론에 탈북자들을 인터뷰하도록 주선한다. 국정원은 그러나 이러한 과정에서 탈북자들과 탈북자 가족의 신변 보호에는 전혀 신경을 쓰지 않는다.

'유우성 간첩 사건' 항소심에서 증인으로 나선 A 씨 사례가 대표적이다. A 씨는 2014년 북한에 있는 딸로부터, A 씨가 유 씨 사건과 관련해 비공개 법정에서 한 증언이 유출돼 북한에 있는 가족이 조사를 받았다는 이야기를 전해 들었다. 이에 A 씨는 증언이 유출된 과정을 조사해달라는 탄원서를 법원에 제출했다. 당시 증언 유출자로 유 씨 변호를 맡은 민변 소속 변호사들이 거론되었다. 국정원은 A 씨에게 탄원서 제출 경위에 대해 ≪동아일보≫와 인터뷰를 하라며 종용했고, A 씨는 북에 있는 가족이 다시 위험에 처할 것을 염려해 거절했다.

그런데 탄원서 전문이 얼마 지나지 않아 ≪문화일보≫ 지면에 실렸다. 당시 ≪문화일보≫는 탄원서 제공 출처가 국정원임을 밝혔다. 국정원은 자신의 불리한 상황을 모면하기 위해 A 씨의 법정 진술 내용이 담긴 탄원서를 공개했고, 결국 그에 대한 후환을 A 씨와 그의 가족이 고스란히 감당해야 하는 상황이 된 셈이었다.[3] A 씨는 2014년 4월 8일자 ≪동아일보≫ 인터뷰에서 "이제 내가 용도폐기 당한 것 같다", "이제 자기들이 (증거조작 사건으로) 다급해지니 뒤통수를 친 거다"라며 국정원의 무책임한 태도에 대해 노여움을 드러냈다.[4]

유우성 사건의 1심 증인이자 언론을 통해 '유 씨 아버지로부터 유 씨가 보위부 사람이라는 이야기를 들었다'고 최초 증언한 탈북자 B 씨 역시 국정원에 협조했다가 낭패를 본 경우다. B 씨의 증언은 모두 거짓이었고, 그가 허위로 증언하기 전 국정원으로부터 돈을 받았다는 사실이 그의 전 남편 C 씨에 의해 뒤늦게 밝혀졌다. B 씨는 유 씨로부터 국가보안법상 무고·날조죄로 고소당한 상태이다.[5]

C 씨는 "B는 국정원에 이용당한 것이다 다름없다"라고 했다. 그는 "B가 유우성이 간첩 의심을 받고 있다는 것을 2013년 1월에 난 ≪동아일보≫ 첫 보도를 보고 알았다"라고 말하며, "신문에 보도가 될 정도면 진짜이지 않겠냐 해서 믿은 것 같다. 그 전까진 유우성이 간첩이라는 확신이 없었을 것"이라고 했다. 그러면서 "결국 그 보도도 국정원이 흘린 것을 받아쓴 것 아니겠느냐"라며 "B가 포상금에 눈이 멀어 국정원에 놀아난 것"이라고 했다.

다음 간첩이 될 수도 있다는 '공포'

이들 탈북자들은 국정원에 적극적으로 협조했다. 때로 위험을 무릅써야 하고, 무엇이 사실인지 확신할 수 없는 상태에서도 이들은 국정원을 따랐다. 그 이유는 무엇일까. 탈북자 허위 진술의 피해자였던 유우성 씨는 탈북자들의 선택을 '두려움'으로 설명한다. "탈북자들은 자신을 부정하지 않으면 다음 간첩이 될 수도 있다는 공포에 사로잡혀 있다"는 것이다.

50

2014년 유 씨를 둘러싼 진실 공방이 한창일 당시, 매주 화요일 민변 사무실 앞에서는 탈북자들이 주최한 집회가 열렸다. 유 씨와 일면식도 없는 탈북자들이 "유우성은 간첩이 맞다"라며 목소리를 높였다. 일부 탈북자들은 밤늦게 유 씨 집 주변을 어슬렁거리기도 했다.

유 씨는 "내 사건을 통해, 탈북자들은 자신이 간첩이 아닌 증거를 내지 못하면 그대로 간첩이 된다는 걸 알게 된 것"이라며 "탈북자들이 '유우성 추방'을 외치는 것은 수사기관에 '자신을 간첩으로 만들지 말아달라'는 신호를 보내는 것"이라고 말했다. 탈북자들이 통합진보당 해산을 주장하며 '종북 몰이'에 가담한 이유도 이런 틀에서 설명할 수 있다는 것이다. 유 씨는 "결국 남한 체제에서 살아남기 위한 탈북자들의 생존 본능"이라고 말했다.[6]

김관섭 씨는 사정기관에 협조하고 정부 입장을 대변하려는 탈북자들의 생존 본능이, 탈북자 조사기관에서의 장기수용 생활에서 비롯된 것이라고 주장한다. 대한변호사협회가 발간한 「2013 인권보고서」도 김 씨의 이러한 주장을 뒷받침한다. 인권보고서는 "합동신문 담당자들은 북한이탈주민을 잠재적 용의자로 간주한다"라며 "무엇보다도 이러한 과정을 거쳐 한국에 정착하게 되는 탈북자의 경우 항상 당국에 대한 두려움에 떨게 되고 잘 길들여진, 지극히 순종적인 '이등 국민'으로 전락한다"라고 지적했다.

40대 탈북자 D 씨는 탈북자들을 국가 선전 부대에 편입하게 만드는 주요 유인책으로 '돈'을 꼽았다. D 씨는 "탈북자 열 명 중 여덟아홉은 선거 때마다 새누리당을 찍으라고 전화하지만, 정치적으로 똘똘 뭉쳐서 그러는 건 아니"라고 했다. 그는 탈북자 단체에서 정치적 활동을 할 경우 얼마간의 돈을 쥐어준다고 귀띔했다. "시위 같은 데 나가면 장갑이라도 하나 주고, 교통비로 쓰라며 용돈도 준다"는 것이다.[7]

실제 한 탈북자 단체는 이명박 정부 시절, '누군가'로부터 돈을 받고 조직적으로 인터넷에 정권 홍보성 글을 올린 사실이 알려지기도 했다. 〈뉴스타파〉 보도[8]에 따르면, 탈북자 단체 'NK지식인연대' 회원들은 지난 2009년부터 1년여 동안 포털 사이트 '다음'의 토론서비스인 아고라에 글을 올린 대가로 누군가로부터 돈을 받았다. 한 사람당 5만 원에서 40만 원을 지급해, 한 달에 총 2000만 원가량의 적지 않은 돈이 지급되었다. 국정원, 군 사이버사령부의 조직적 댓글 사건에서 드러난 것과 유사한 방식이었다. 그러나 이 돈의 출처는 철저히 비밀에 부쳐졌다. 단체 회원 중 한 명인 한 탈북자는 "배후에 국정원이 없으면 돈의 출처를 설명하지 못한다"라고 말했다.

D 씨 또한 돈의 출처를 정확히 알 수는 없고 국정원 돈이 탈북자 단체로 흘러들어가는 것은 아닌지 추측할 따름이라고 했다. 그는 시위에 참가하거나 인터넷에 글을 올리고, 또는 언론 인터뷰에 응하는 것이 탈북자들이 노동하지 않고도 용돈을 벌 수 있는 최고의 방법이라고 말했다. 그러면서 "남한 정착 초반에는 경제적으로 안정적이지 않다 보니 그런 식으로 쉽게 돈을 벌려는 것"이라고 했다.

그는 '소속감' 문제도 지적했다. "남한에서 의지할 곳 없는 탈북자들은 탈북자 무리에 섞여 지내다 무리 내 탈북자들이 시위에 나가면 덩달아 따라간다"는 것이었다. 그는 "뭐가 맞고 틀린지 분별이 없는 상황에서 휩쓸려 다니는 탈북자들이 많다"고 말하며, "외롭고 돈 없는 탈북자들은 정부나 국정원에 기대기 마련이다. 정부나 국정원은 이런 탈북자들의 처지를 잘 이용하는 것 같다"라고 했다.

장경욱 변호사는 "탈북자들이 자의 반 타의 반으로 체제 유지에 이용되면서, 김관섭 씨나 유우성 씨의 사건 증인으로 나선 탈북자들처럼 국가로부터 희생당하는 경우가 얼마든지 나올 수 있다"라고 지적했다.

2

국가가 탈북자들을
때린 건 몰라요

북한동포직접돕기운동 대북풍선단장, 이민복 씨

그는 늘 주머니 속에 손바닥만 한 '삐라'를 넣고 다닌다. '대북 삐라
를 보고 탈북을 결심했었다'던 그는 남풍이 부는 날이면 풍선에 '삐라'
를 실어 남몰래 북한에 띄운다. 탈북자 출신으로, 현재 북한동포직접
돕기운동 대북풍선단장을 맡고 있는 이민복 씨. 언론에 잘 알려진 그
의 주력 사업은 대북전단 살포지만, 남한 정착 초기에는 탈북자 인권
운동에 매진했다. 세간에는 잘 알려지지 않았지만, 그 또한 국가 정보
기관 폭력의 피해자이다.

1995년 2월 18일, 김포공항에 내렸다. 목숨을 건 탈출이었다. 북한
을 떠난 뒤 네 국가를 경유해 돌고 돌아온 길, 이제 고단한 여정은 다
끝났다고 생각했다. 그런데 정체 모를 남자 세 명이 공항에서 그를 기
다리고 있었다.

1부. 간첩 공장의 진실

"남한에 온 걸 환영합니다."

환영 인사는 짧은 이 한마디가 다였다. 세 남자는 그의 팔을 붙들고 척척 걸어가더니 공항 앞에 대기시켜 놓은 차 안으로 그를 밀어 넣었다. 한 시간가량을 달려 서울 시내 어딘가에서 내렸다. 이미 중국, 러시아 공안기관을 드나들었던 그는 이곳이 탈북자들을 신문하는 곳임을 직감했다.

도착하자마자 쉴 틈도 없이 끌려간 곳은 건물 지하의 어느 조사실이었다. 그 안에는 열댓 명이 앉아 있었다. 그중에는 안기부와 국군기무사령부(이하 기무사) 직원도 있었고 관상쟁이도 있었다. 인사를 꾸벅하자 반말부터 날아왔다.

"야 이 새끼야. 여길 왜 왔어. 북한이 싫으면 북한에서 싸울 것이지."

"아닙니다. 북한 사람들도 반항하고 있습니다. 북한 정치범수용소 수감자만 20만 명입니다. 여기(남한) 학생들은 말 한마디 잘못한다고 잡혀가지 않습니까? 북한 정부는 대중정치를 하기 때문에 사람들을 막 잡아가진 않습니다. 그런데도 20만 명이 정치범이라는 건 여기(남한)보다 더 반항한다는 겁니다. 그리고 탈북 자체도 반항입니다. 저는 저와 제 가족의 목숨을 걸고 왔습니다."

따박따박 대답을 하고 있자니, 뒤에서 '끼익' 하는 소리가 들렸다. 덩치가 우람한 남자가 들어왔다.

"나는 총책임자 서진하다. 이 새끼야, 묻는 말에만 대답해!"

이 말을 끝으로 천장이 빙글 돌았다. '귀싸대기'를 세게 얻어맞은 탓

'삐라' 살포로 유명한 이민복 씨도 국가 정보 기관 폭력의 피해자였다. © 최형락

이었다.

"제가 여태 묻는 말에만 대답하지 않았습니까."

"뭐? 이 새끼가?"

서진하는 이번에는 멱살을 잡아 올렸다. 주먹을 위로 말아 쥐더니 명치 쪽으로 있는 힘껏 내리꽂았다. 그는 바닥을 굴렀다. 서진하는 그를 다시 일으켜 세웠다. 그러더니 갑자기 그의 바지춤을 잡았다.

"네놈이 임질이 있나 확인하겠다."

열댓 명이 보는 앞에서 그의 바지며 속옷이 홀딱 벗겨졌다. 서진하는 그의 성기를 훑어보더니 여기저기 만지기도 했다. 수치스러움에 눈물이 날 뻔했지만 꾹 참았다.

"분위기가 아주 살벌했어요. 지금 생각해보면 북한 보위부, 소련 보호감호소와 똑같았어요. 반말하고 고함치고, 때리고, 옷 벗기고……. 겁주고 욕보여서 기를 죽이고 보는 거지요."

앞서 소개한 김관섭 씨가 귀순했던 해는 1974년이었다. 워낙 엄혹했

1부. 간첩 공장의 진실

던 시절이었다. 하지만 이민복 씨가 귀순한 것은 그로부터 21년 후였다. 시간이 흘러도 대성공사 내 가혹 행위는 그대로였다. 20년 넘도록 끔찍한 관행이 이어져온 셈이다.

"(대성공사) 밖에서는 민주화가 이뤄지고 있었지만, 안은 바뀐 게 없던 모양이에요. 군사 정권 때 습성이 그대로 남은 거지요. 정보기관 안을 감시할 사람이 없으니 폭력이 아주 비일비재했습니다."

'모욕주기'식 조사는 다행히 첫날로 끝났다. 그러나 이어진 수용소 생활은 감옥 생활이나 다름없었다. 처음 열흘 정도는 침대와 화장실만 덜렁 있는 독방 안에 온종일 갇혀 있었다. 밥도 방 안에서 조사관들이 날라 주는 것만 먹었다. 자유롭게 움직이고 싶어 온몸이 근질근질했지만 방 밖으로 나갈 수 없었다. 복도에는 헌병이 서 있었다. 문 밖에선 어디선가 '퍽퍽' 맞는 소리가 들렸다.

그는 6개월 만에야 지옥 같던 대성공사에서 벗어날 수 있었다. 그러나 나가서도 자유의 몸이 될 수는 없었다. 민간 사회에 정착하고 지내던 어느 날, 집에 전화가 걸려왔다.

"네, 이민복입니다."

"너 왜 신문사에 글을 올리나."

"언론의 자유가 있지 않습니까."

"아직 정신 못 차렸구먼. 한번 죽어볼래?"

전화는 뚝 끊겼다. 며칠 전 그가 신문사에 보낸 기고가 화근이었다. 남북관계에 관한 글로, 딱히 정부에 문제 될 것이 없다고 생각했다. 그렇다면 '협박 전화'의 목적은 단 한 가지였다. 무슨 일이든 다 정보기관의 승인을 받고 하라는 것. 한 차례 경고 전화면 끝나겠거니 했지만 착각이었다. 대성공사 퇴소 후 그를 담당했던 형사에게서 전화가 왔다.

"선생님, 저와 함께 안기부에 가주셔야겠습니다."

안기부에 가면 당할 일은 훤했다. 하지만 형사가 '제가 죽는다'며 제발 한 번만 가달라고 통사정을 했다. 1997년 2월 12일, 하는 수 없이 내곡동에 있는 안기부 청사로 갔다. 안기부 직원이 손님방으로 그를 안내했다. 무릎 정도 높이의 낮은 탁자가 보였다. 탁자 앞 의자에 앉아 초조하게 기다리는데 '끼익' 하고 방문이 열렸다. 덩치 큰 남자가 들어왔다. 대성공사 입소 첫날, 그를 욕보였던 서진하였다.

인격체로 대해달라

그에게 다가온 서진하는 발로 탁자를 쳤다. 그대로 뒤로 밀려난 탁자는 그의 무릎을 퍽 하고 쳤다. 무릎을 감싸 줄 새도 없이 그를 일으켜 세운 서진하는 대성공사 입소 첫날처럼 가슴이며 배며 사정없이 두들겨 팼다.

"대성공사에서 눈을 뜰 때마다 서진하의 눈을 뽑아버리고 싶었어요. 그렇게 악감정을 갖게 하면 안 됩니다. 이 나라에 온 사람에게 어떻게 이런 폭력을 쓸 수가 있습니까. 저는 목사가 무척 되고 싶었지만, 그럴 수 없어요. 전 이제 인간성이 파괴되었습니다. 사람답지 못한 대접을 북한에서도 받고, 남한에서도 받아서 인간다움을 잃어버렸습니다."

'이건 아니다' 싶었다. 대성공사 안에서나 밖에서나 감옥이 따로 없었다. 아무리 간첩 의심이 든다 해도 이건 인격체를 대하는 방식이 아니었다. 그는 다른 탈북자들을 찾아다녔다.

다른 탈북자들의 이야기를 들어보니, 자신과 마찬가지로 가혹 행위를 당한 이들이 많았다. '북한에 있는 가족을 버리고 도망친 인간쓰레기', '국적이 없으니 화장하면 아무 문제없다'는 등 폭언은 기본이었다. 거짓말을 하는 것 같다며 조사관에게 구둣발로 채인 사람, 북한에서 배운 격술 시범을 해보라 해서 보여줬다가 '시키는 대로 했다'는 이유로 몽둥이찜질을 당한 사람이 있는가 하면 안마 요구와 같은 모욕적인 행위를 강요당한 이도 있었다.

이들과 함께 이민복 씨는 1998년 12월 탈북자 인권단체 '자유북한인협회'를 꾸렸다. 탈북자들이 자율조직을 꾸린 것은 처음 있는 일이었다. 기독교 신자였던 그는 1970년대 국제앰네스티 한국지부 창립을 주도한 윤현 목사를 찾아가 '인권 운동'의 노하우를 배웠다.

그리고 윤현 목사의 조언에 따라 우선 민변을 찾았다. 이 씨를 포함해 아홉 명이 원고가 되어 국가배상청구소송을 제기하기로 했다. 변호사들은 단단히 각오하라고 했다. 국가를 상대로 한 소송은 '계란으로 바위 깨기'라고 했다. 여론을 호의적으로 이끌어내야 유리하다고 판단해, 소장을 제출하기 전 기자들을 불러 모았다. 1999년 1월 15일, 서울

가톨릭회관에서 '자유북한인(탈북자) 인권침해 방지 및 생활 정착을 위한 공동 기자회견'을 열고 안기부의 탈북자 인권침해 사례를 공개했다. 아홉 명의 원고를 포함한 탈북자들은 "우리를 통일역군으로 대하고 폭행, 폭언하는 것을 중지하라"고 촉구했다. 탈북자들이 자발적으로 안기부의 행태를 언론에 공개하고, 국가배상소송을 낸 것은 처음이었다. 처음으로 터져 나온 탈북자들의 문제 제기는 반향을 불러일으켰다.

국정원이 옛날 습성을 못 버렸어요

안기부는 즉각 성명을 냈다. "탈북자를 조사하는 과정에서 반말을 하는 등 거친 행동이 있을 수 있지만 구타 등 가혹 행위는 하지 않았다", "정착지원금을 적게 받은 일부 탈북자들이 불만을 터뜨리는 것"이라며 사건을 축소하려 들었다.

안타깝게도 소송은 실패로 끝났다. 2심까지 갔지만 법원은 결국 '증거 부족'으로 소를 기각했다. 법정 싸움에서는 졌어도 여론전을 통해 성과를 얻었다. 탈북자 정착지원시설인 '하나원'이 그해 7월 개원했다. 하나원 체제로 전환되면서 지하실이나 독방에서 지내야 했던 대성공사 수용 기간은 예전에 비해 줄어들었다.

변호사들의 말 그대로였다. 국가, 특히나 정보기관을 상대로 벌이는 투쟁은 쉽지 않았다. 더군다나 탈북자들이란 산들바람에 꺾이는 갈대

60

처럼 국가 앞에서 약하기 그지없는 존재일 수밖에 없었다.

"탈북자들은 남한에 와서 부당한 일을 겪어도 감히 말을 못합니다. 안기부가 굉장히 힘이 있었거든요. 직업을 쥐어주고 외국 보내는 걸 안기부가 다 통제했어요. 여권 발급을 잘 해주지도 않고, 해준다 해도 단수 여권만 줬어요. 그러니 다들 얼어터지고도 눈치만 보고 있었죠."

용감한 사람 몇 명만 나설 수밖에 없었다. 그러나 같이 단체를 꾸리고 탈북자 인권 운동 전면에 나섰던 이들도 얼마 지나지 않아 다 떨어져 나갔다. 특히 공사에 다니거나 공직에 있던 사람들은 "국가 녹 먹는 사람이 국가를 공격하느냐"라는 압박을 받았다. 한때 동지였던 탈북자들은 어느새 적으로 돌아섰다. 활동가 수가 줄어들면서 탈북자 인권 운동은 예전과 같은 활기를 잃었다. 이제 이들의 활동을 기억하는 이도 많지 않다.

"아쉬워도 이해는 해요. 어쩔 수 없죠. 탈북자들이 남한에 잘 살려고 온 거잖아요. 그런데 나라에서 '탈북자 주제에 너 잘못하면 직업 뺏는다' 하면서 개입하고 협박하니 버틸 수 있나요."

이 씨는 "사람들은 저를 단순히 대북 삐라 날리는 사람으로만 알지만, 전 탈북자 인권 문제를 들고 최초로 싸운 사람입니다"라고 자랑스럽게 이야기했다.

"남한 사람들은 국가가 탈북자들을 때린 건 몰라요. 귀순용사들 왔다고 환영만 한 줄 알지. 유우성 씨 사건 정도 되어야 조금 심각한가 보다 하고 알지요. 법원이 간첩 의심받는 사람한테 그냥 무죄를 주지는 않았을 겁니다. 제가 겪어봤으니 알잖아요? 그럴 만도 해요. 국정원이 아직도 옛날 습성을 못 버렸어요. 때리면 다 되는 줄 아는 겁니다."

언론에서 '이민복'이라는 이름을 접했던 이들이라면, 고개를 갸웃할 수도 있다. 대북 전단 살포 활동과 탈북자 인권 운동이 서로 충돌하는 지점이 있는 것도 사실이다.

이 씨의 표현에 따르면 풍선 날리는 일은 '우쪽'이 좋아하고, 인권 운동은 '좌쪽'이 좋아하는 일이다. 그는 모든 문제를 '진실'의 관점에서 바라봐야 한다고 강조했다.

"저는 좌우를 떠나서 진실 그 자체를 존중하는 사람입니다. 세상 모든 문제를 그렇게 보려고 합니다. 북한이 싫어 남한에 왔지만, 여기서도 북한 같은 일이 일어났어요. 제가 당했지 않습니까. 사실은 사실대로 말해야지요."

'사람 잡는' 대성공사, 아직도?

'귀순용사' 때려잡던 '대성공사', 사라지지 않았다[9]

과거, 숱한 인권침해의 현장이었던 '대성공사'. 탈북자 신문이 이뤄졌던 이곳은 2008년 신문 기능을 합신센터에 이관한 뒤, 운영이 중단된 것으로 알려졌었다. 그러나 취재 과정에서 우회 경로를 통해 입수한 국가정보원 자료나 탈북자들의 증언에 따르면 대성공사는 불과 2년 전까지도 운영되었다. 인권유린 의혹 역시 여전했다.

'유우성 사건'을 계기로 국정원 수사관들의 탈북자에 대한 가혹 행위 사실이 알려진 2014년, 국가정보원은 의혹을 풀겠다며 국회 정보위원회 소속 의원들과 기자들을 합신센터에 초청해 내부를 공개했다. 하지만 이런 논란 속에서도 대성공사는 운영되고 있었다. 국회 정보위 소속 의원들조차 알 수 없었던 사실이다. 합신센터와 '대성공사'를 모두 경험한 탈북자들은 "대성공사에 비하면 합신센터는 호텔"이라고 이야기했다. 유우성의 동생 유가려에 대한 가혹 행위의 현장이었던 합신센터에 비해 대성공사가 훨씬 열악한 환경이라는 것이었다.

국정원이 현재 공식적으로 밝힌 탈북자 조사 시설은 경기도 시흥시에 있는 '북한이탈주민보호센터'다. 2008년 개관한 이후 2014년 7월까지 '중앙합동신문센터(합신센터)'로 불렸던 곳이다. 남한 입국을 신고한 탈북자들은 이곳에서 국정원·군·경찰의 지휘하에 탈북 및 국내 입국 경위, 신분 확인, 대공 용의점 등에 대한 조사를 받는다. 조사관들이나 탈북자들은 합신센터를 정식 명칭 대신 '양지공사'라는 이름으로 부르기도 한다.

대성공사 역시 위장 명칭으로, 정식 명칭은 '군 정보사령부 중앙신문단'이다. 한국전쟁이 끝난 뒤인 1954년, 주한미군이 귀순한 북한군이나 포로 등을 신문하기 위해 처음 세웠으며, 소재지는 서울 영등포구 신길동이다. 취재 과정에서 현장에 가보니 높은 담장과 두꺼운 철문이 설치되어 있었고 입구에는 위장용으로 보이는 간판이 걸려 있었다.

국정원은 건물 노후화 문제와 더불어 탈북자 수용 공간 부족 문제를 해결해야 한다는 이유로 시흥에 건물을 새로 지었다. 그 건물이 바로 2008년에 정식 개관한 합신센터다. 이 센터가 생기면서 대성공사는 이곳에 기능을 넘기고 역사 속 공간으로 사라지는 듯했다. 언론 보도 내용도 그러했다.[10] 그러나 국정원 문서에 따르면, 대성공사는 여전히 탈북자 조사 시설로 이용되고 있다. 국정원은 해당 문건을 통해 "중앙신문단(대성공사)은 2008년 12월 경기도 시흥 소재 북한이탈주민보호센터 보호 업무 개시 직후 운영이 중단되었으나, 국내 입국하는 탈북민 수가 급증해 시흥 소재 보호센터의 수용 능력이 부족해짐에 따라 2010년 1월 재가동되었다"라고 밝혔다. 이어 "그러나 김정은 집권 이후 국내에 입국하는 탈북자 수가 다시 감소한데다, 군 시설 사용에 따른 인권침해 우려 등으로 인해 2014년 10월 이후 중앙신문단 운영이 일시 중단된 상태다"라고 했다.

이 문건에 따르면, 2010년 4월부터 2014년 10월까지 대성공사에서 조사를 받은 탈북자 수는 연간 430명 규모다. 통일부가 공개한 자료를 토대로 2010년부터 2014년까지 연평균 탈북 및 입국자 수를 계산한 결과 총 1895명으로, 이는 탈북자 4.4명 중 한 명이 대성공사에서 조사를 받은 꼴이었다. 탈북자 가운데 적잖은 인원이 대성공사를 거쳤음에도 대외적으로는 전혀 알려지지 않았다. '비밀 운영'된 셈이다.

국정원은 현재 대성공사 운영을 '일시 정지'한 상태이지만, 다시 운영할 계획이 있다고 밝혔다. "중앙신문단의 기본 임무가 탈북민 대상 북한 군사정보 수집과 전쟁포로 조사 등인 점을 감안해, 조직을 향후 지속 유지할 필요가 있다"라는 것이다. "민간 탈북자에 대한 조사는 허용하지 않을 방침"이라는 점도 강조했다.

이 문건을 보면, 국정원 측은 스스로 대성공사 수용 시 인권침해 가능성을 인지하고 있음을 알 수 있다. 그렇다면 실제 이곳의 인권 상황은 어떠할까? 2014년 12월, 몇몇 탈북자들과 접촉하는 과정에서 대성 공사 수용 생활에 대한 다양한 증언들을 얻을 수 있었다.

허리에는 권총, 손에는 곤봉……. 24시간 감시 체계와 '지하 독방'

40대 여성 탈북자 김신형(가명) 씨는 지난 2011년 12월 입국 직후 합신센터에 들어갔다. 여기까지는 다른 탈북자들과 같았다. 그러나 합신센터에 들어온 지 2주가 지난 어느 날, 점심 배식을 받으러 가던 도중 동기 다섯 명과 함께 국정원 직원에게 불려갔다. 직원은 그들에게 "서울로 간다"라고 말했다.

"예전에도 서울로 가는 사람이 몇 명 있기에 다들 '간첩인가 보다' 했거든요. 그런데 저더러 갑자기 서울로 가라고 하니까 기분이 이상하고 긴장이 되더라고요. 다들 수군수군하고요."

김 씨는 동기 다섯 명과 함께 버스를 타고 서울 시내 어딘가에 떨어졌다. 버스가 멈춰 서자 큰 문이 열렸고, 그 안으로 들어가자 큰 울타리가 둘러쳐진 부지 안이 보였다. 울타리 안에는 'ㄱ'자 모양으로 된 4~5층짜리 건물 두 채가 있었다. 부지 바깥에는 큰 도로가 있었고 맞은편에는 아파트 단지들이 보였다. 건물 모서리마다 CCTV가 설치되어 있었고, 허리춤에 권총을 차고 손에 곤봉을 든 까만 옷차림의 사람들이 곳곳에 서 있었다. 복도에는 창문이 없었다. 방 안에 창문이 있긴 했지만 철이나 알루미늄 재질의 가림막이 있어서 창밖을 전혀 볼 수가 없었

1부. 간첩 공장의 진실

다. 게다가 지하 식당으로 가는 길은 미로 같아서 군인이 안내하지 않으면 알아서 찾아갈 수가 없었다.

조사가 시작되자 김 씨는 지하 독방에 갇혔다. 합신센터에서는 조사실마다 화장실이 있었지만, 이곳에는 복도 끝 한 군데에만 있었다. 밤에 화장실이 가고 싶으면 방 안의 벨을 눌러서 밖에 있는 남자 군인을 불러야 했다.

조사 전, '대답하지 않아도 된다'는 묵비권에 대한 안내는 없었다. 조사관은 김 씨에게 "간첩이냐"라고 물었다. 계속 간첩이냐고 묻자 '내가 왜 여기 있지' 하는 생각이 들었다. 지인 중 먼저 입국한 탈북자 이름을 대자 그제야 조사가 수월하게 풀리기 시작했다. 자신은 큰소리 없이 조사가 끝났지만, 다른 방에서는 고성과 울음소리가 들렸다. 일주일 뒤 조사가 끝나고 다시 지상에 있는 방으로 올라갔다.

운동은 하루 한 시간씩, 부지 내 운동장에서 했다. 매일 운동 시간이 바뀌었고 수용자마다 운동하는 시간이 달라 서로 만날 수 없었다. 조사 중에는 한 번도 건물을 벗어날 수 없었다. 시흥의 합신센터에서는 아플 때 바로 병원에 보내주는 등 적절한 조처가 있었는데, 대성공사에서는 그렇지 않았다. 대성공사로 넘어온 어느 날, 김 씨는 새벽에 배가 너무 아파 벨을 눌렀다. 원래 담낭이 좋지 않았다. 식은땀이 나고 죽을 것처럼 아프다고 호소했지만, 군인은 '참으라'는 말만 하고 다시 나가 버렸다. 결국 이듬해 담낭 절제 수술을 받아야만 했다.

"시흥 센터는 호텔이었죠. 대성공사는 사람 사는 데가 아니었어요."

김 씨가 대성공사에서 보낸 기간은 40일이었다. 그 기간에, 그리고 그 전후로 김 씨에게 대성공사에서 조사받아야 하는 이유를 설명해주는 사람은 없었다. 심지어 한 달 넘게 머물렀던 공간이 대성공사라고 불린다는 것도 마지막 날에야 알았다.

김 씨는 조사 장소를 시흥과 서울 두 곳으로 나누는 기준을 도통 모르겠다고 말했다. 국정원이 앞선 문건에서 밝힌 대로라면, 대성공사 수용 대상자는 북한 군사정보를 아는 것으로 추정되는 탈북자여야 한다. 그러나 김 씨는 대성공사에 함께 간 사람들 중에는 젊은 여자들이 다수 포함되어 있다고 말했다.

김 씨는 '탈북자 수가 급증해 시흥 센터 수용 능력이 부족했다'는 국정원 설명에 대해서도 의아해했다. 애초에 탈북자 수가 증가하는 상황에 대비해 새로 지었기 때문에 합신센터 공간은 무척 넓은 반면, 2011년부터 탈북자 수는 급감했기 때문이다. 통일부 자료에 따르면, 2010년 2402명, 2011년 2706명이던 탈북 및 입국자 수는 2012년 1502명, 2013년 1514명, 2014년 1351명으로 급감했다. 적어도 2012년부터는 '수용 능력 부족'이 이유가 되지 않는다는 이야기다.

김 씨를 포함해 '서울에서 조사받았다'는 탈북자들의 증언은 일관성이 있었다. 건물 안에서도 총을 든 군인이 지키고 서 있었다는 점, 안에서 밖을 볼 수 없도록 창문이 막혀 있었다는 점, 지하실에서 조사를 받았다는 점, 다른 탈북자들과 달리 대성공사에서 따로 조사를 받은 이유를 듣지 못했다는 점 등이다.

1부. 간첩 공장의 진실

장경욱 변호사는 "앞으로도 대성공사를 운영할 계획이 있다면, 합신센터처럼 공개해야 한다"라고 말했다. 국정원은 2014년 유우성 사건을 통해 합신센터 내 가혹 행위 논란이 커지자 의혹을 풀 목적으로 언론사 기자들과 국회 정보위원회 소속 의원들을 합신센터에 초청해 공개한 바 있다. 장 변호사는 "합신센터도 제한적으로 공개되어 있어서 내부 상황을 다 파악하기 어려웠는데, 심지어 대성공사는 그동안 운영 사실 자체도 은폐해왔기 때문에 수용자들의 인권 실태를 우려하지 않을 수 없는 상황이다"라고 했다. 이어서 "더군다나 건물 내부에 총을 든 군인이 있다거나, 과거 고문 행위가 이뤄진 지하실에서 조사를 받게 했다는 점을 보아 이미 광범위하게 인권침해가 일어났다고 볼 수 있다"라고 말했다. 그러면서 인권보호관 배정, 면회소 설치 등 합신센터와 비슷한 수준의 인권 보호 장치들이 필요하다고 밝혔다.

3

국가기관이 파괴한 삶,
저 같은 피해자가 다신 없어야 해요*

서울시 공무원 간첩 조작 사건 피해자, 유우성 씨

'서울시 공무원 간첩 사건'의 피의자 또는 '조작 간첩 사건'의 피해자. 이것은 유우성이라는 인물을 설명하는 두 가지 방법이다. 2013년 1월 13일 간첩, 특수잠입 및 탈출, 편의제공 등 국가보안법 위반 혐의로 구속된 유 씨는 2년 9개월 만인 2015년 10월에 대법원 무죄 확정 판결을 받았다. 동시에 유 씨를 피의자로 만들어낸 국정원 직원들은 실형을 선고받았다. 유 씨가 대한민국 정보기관이 벌인 기막힌 간첩 조작극의 피해자라는 사실이 재차 밝혀진 셈이다. 그러나 여전히 유우성이라는

• 이 글은 2014년 4월 25일 항소심 판결 직후 진행한 인터뷰를 새로 다듬은 것이다. 항소심 선고 기일이었던 이날은 유 씨가 한국에 온 지 꼬박 10년이 되는 날이었다.

1부. 간첩 공장의 진실

이름엔 간첩이라는 단어가 꼬리표처럼 붙는다. 과연 그가 간첩 멍에를 벗고 대한민국 땅에서 평범하게 살게 되는 날이 올까.

국가기관의 간첩 조작,
'황당하다'는 말밖에

정오의 해가 쨍쨍했다. 법원 앞마당에서 눈부신 햇살을 온몸으로 받고 선 주인공은 좋지도 나쁘지도 않은 표정이었다. 북한에서 같은 동네에 살았던 친구가 꽃 한 송이를 그의 손에 쥐어주었다. 그제야 그의 입술이 작게 호선을 그렸다. 늘 그의 굳은 표정만 보았던 기자들은 명장면이라도 발견한 듯 카메라를 들고 달려와 그의 앞에 다닥다닥 붙어 섰다. 항소심 무죄 판결을 받은 직후, 덤덤한 표정으로 그가 처음 내뱉은 소감은 "뭐라고 표현해야 할지 모르겠어요"였다.

"무죄 판결을 받은 것 자체는 기쁘고 시원하지만, 제가 간첩이 아니라는 사실을 확인한 것뿐이니까요."

그는 평범한 대한민국 국민이 되고 싶었다. 그러나 그의 한국 생활은 '평범'이라는 단어와는 거리가 멀었다. 한국에 정착한 지 9년 차에 접어든 어느 날, 영문도 모른 채 국정원에 의해 체포되었다. 정신을 차리고 보니, 자신은 1만 명이 넘는 국내 탈북자들의 신원 정보를 북한 보위부에 건넨 간첩이 되어 있었다.

재판정 앞에서 언론과 인터뷰를 하는
유우성 씨. © 서어리

"중국에서 온 여동생의 옷을 사 놓고 기다리고 있었어요. 아는 국정원 직원이 제 동생이 입국하면 도와주겠다고 한 말을 믿고 아무 생각 없이 기다리고 있었는데, 동생이 국정원 합동신문센터에 있는 사이 갑자기 체포돼서 8개월간 구치소 생활을 하게 된 거예요. 언론에 나온 그 간첩이 저인 줄도 몰랐어요. 내가 간첩이라니, 꿈을 꾸고 있는 건가 싶어서 볼도 꼬집었죠."

그 앞으로 날아온 공소장 내용은 황당 그 자체였다. 자신이 간첩으로 몰렸다는 사실도 어처구니가 없었지만, 검찰이 휘갈긴 공소사실들은 말도 안 되는 것 투성이었다. 유 씨가 북한에 넘긴 정보가 1만 명분이 넘는다는 언론 보도와 달리, 공소장에 적힌 것은 170명분이었다. 대학 시절 탈북자 관련 동아리에서 동아리 소속원들과 공유했던 연락처, 서울시에서 탈북자 지원 업무를 할 때 모아놓은 연락처들이 전부였다. 그중 순수 탈북자는 74명이었고, 그중에서도 이름, 전화번호, 주소가 전부 기재된 사람은 30명 정도에 불과했다.

1부. 간첩 공장의 진실

"검찰 말대로라면 제가 7년 동안 남한에서 공작 활동을 하면서 얻은 정보가 30명분밖에 안 된다는 겁니다. 이건 게을러도 너무 게으른 간첩 아닌가요? 가장 어이가 없었던 건, 제가 그 정보를 컴퓨터 메신저를 이용해서 동생에게 보내고, 동생은 그 자료를 USB에 넣어서 야밤에 강을 건너서 북한 보위부 인사에게 전달했다는 거예요. 자료도 몇 개 안 되는데 전화를 해도 금방이면 될 걸, 굳이 메신저를 쓰고 동생은 야밤에 춥고 무서운데 강을 건너나요."

재판 과정에서도 드라마 같은 일들이 벌어졌다. 1심에서 무죄 판결이 나오자, 2심에서는 위조된 문서들이 버젓이 증거 목록에 올라왔다. 위조 사실이 밝혀지자 조작에 가담했던 조선족 협력자는 자살 시도를 했고, 뒤이어 자살 기도를 한 국정원 직원은 기억상실증에 걸렸다.

"황당하다는 말밖에 안 나왔어요. 국가기관이 이렇게까지 더럽고 치사한 방법을 써서라도 나를 간첩으로 몰아가야 하나. 내가 대체 무슨 큰 죄를 저질러서 이렇게 됐을까 하는 생각이 들더라고요."

증거 조작이 만천하에 밝혀졌는데도 검사들은 항소를 포기하지 않았다. 도리어 재판을 늦추면서 온갖 자료들을 수집해 법정에 내놨다.

"심란해서 잠도 제대로 못 잤어요. '1심에서처럼 당연히 무죄가 나오겠지' 싶다가도 워낙 황당한 일들이 많았으니까 혹시나 했죠."

다행히 항소심 결과는 좋았다. '1년 징역, 2년 집행유예'는 1심 그대로였다. 그러나 국가보안법 위반에 대한 판결문 내용이 1심보다 훨씬 전향적이었다. 유 씨는 무엇보다도 동생 가려 씨의 억울한 누명이 벗겨진 점이 제일 기쁘다고 했다.

"1심에서도 무죄를 받긴 했지만, 동생이 합신센터에서 거짓 자백했다는 건 인정이 안 됐어요. 그게 계속 동생한테는 가슴의 상처로 남아 있어요."

유 씨가 지적한 부분은 항소심 판결의 핵심 내용이기도 하다. 항소심 재판부는 이 사건의 유일한 증거인 가려 씨의 진술이 171일간의 불법 구금 상태에서 나왔고, 따라서 증거능력을 인정할 수 없다고 판단했다. 가려 씨 진술이 비교적 자유로운 상태에서 이뤄졌다던 1심 판결을 2심 재판부가 뒤집은 것이다.

"달력도 없는 독방에서 수시로 협박과 회유를 받는데 이성을 잃지 않을 사람이 얼마나 있을까요. 6개월이 아니라 3개월도 못 버틸 겁니다. 그러니 제 동생은 자살 기도까지 했죠."

동생 역시 피해자인데도 늘 오빠에게 미안해했다. 자신의 잘못된 진술로 오빠가 간첩 누명을 썼다는 죄책감 때문이다. 오히려 당사자보다도 더 극심한 심적 고통에 시달렸다.

"재판 직전에 통화하는데 미안하다고 또 울더라고요. 그래서 '나 재판 들어가는데 울면 어쩌느냐' 하고 가볍게 혼을 냈어요. 재판 끝나고 다시 통화했는데 이번엔 기쁘다고 또 울더라고요."

선고 공판은 양측 공방 없이 재판부의 결정만 듣기 때문에 금방 끝이 난다. 그러나 이날은 최종 선고를 듣기까지 1시간 30분이 걸렸다. 가려 씨 진술을 비롯해 검찰이 제시한 각종 증거들에 대해 재판부에서

1부. 간첩 공장의 진실

일일이 기각 사유를 밝혔기 때문이다. 변호인단이 "간첩 의혹들을 일거에 해소했다"라고 할 정도로 항소심 재판부는 유 씨를 간첩으로 보기 힘든 이유를 법리적으로 꼼꼼하게 정리했다.

1심, 2심과 달리 대법원 재판부는 소송 기록들을 토대로 법리 판단만 한다. 검찰에게 남은 변론 기회가 없는 상황이었기에 유 씨로서는 검찰 주장을 조목조목 반박해놓은 항소심 판결이 반가울 수밖에 없었다. 유 씨와 변호인단은 검찰 측 상고 여부에 관계없이 간첩 혐의 부분만큼은 사실상 끝났다고 생각했다.

"검찰에서 사기죄 추가하려고 공소장 변경한 것도 다 들어주고, 간첩죄 관련한 증거들도 다 들어주는 것 같아서 약간 불안했던 게 사실이에요. 그런데 지금 보니 재판부에선 검찰에 기회를 준 것 같아요. '어디 해볼 테면 해봐라' 하고요. 그런데 시간이나 기회를 충분히 줬는데도 별다른 증거가 나오지 않은 거지요. 합리적인 판결이었다고 봅니다."

1심, 2심 판결을 통해 유 씨는 수사기관이 저지른 조작 간첩 사건의 피해자임이 다시 한 번 확인되었다. 그는 검사와 국정원 수사관들에 대한 원망을 구태여 숨기지 않았다.

"(공소 유지를 담당한) 이문성, 이시원 검사는 1심 때도 안 왔어요. 오늘도 졸병 세 명만 왔더라고요. 왔으면 얼마나 창피했겠어요. 판사가 판결 마치고 나가는데 눈도 안 마주치고 앉아 있더라고요. 절대 옷 안 벗을 걸요. 그렇게 양심적인 사람들이었다면 애초에 저를 간첩이라고 하지도 않았겠죠. 국정원 직원들도 다섯 명 정도 왔는데 구석에 있다가 조용히 나가더라고요. 그 사람들도 그냥 일이니까 하겠죠. 다 가정 있고 자식이 있을 텐데, 언젠가 후회할 날이 올 겁니다."

30년 걸릴 무죄 판결을
1년 4개월 만에 받은 '행운'

'불행 중 다행'이라는 말이 딱 맞았다. 유 씨는 억울하게 간첩 누명을 쓰고 1년 4개월이란 시간을 허비하며 더할 수 없는 불행을 겪었다. 그러나 어떤 이들은 30년 걸려서 받은 무죄 판결을 불과 1년 4개월 사이 두 번이나 받았다. 특히 재판 과정에서 증거 조작 사실이 드러난 것에 대해 과거 간첩 사건의 피해자들은 유 씨가 '운이 좋은 사람'이라고 말했다.

"변호사님들, 신부님, 목사님, 기자분들이 없었으면 어땠을지 상상이 안 돼요. 전 정말 인복이 많습니다."

유 씨 곁에서 가장 고생한 이들은 천낙붕, 장경욱, 양승봉, 김용민, 김진형, 김유정 등 변호인단이다. 1년 4개월간 본업을 제쳐놓고 유 씨 변호에 전력투구했다. 돈이 되기는커녕 오히려 유 씨를 먹이고 돌보느라 돈이 더 나갔다. 검찰 반박 증거를 찾으러 전국 방방곡곡을 돌아다녔고, 중국도 수차례 다녀왔다.

"재판 한 번 할 때 의견서 10건 미만이면 다 끝난다는데 우리는 양

항소심 선고 후 기자회견. 왼쪽부터 김용민 변호사, 유우성 씨, 천낙붕 변호사. © 서어리

변(양승봉 변호사) 님만 50개 썼을 정도니까 정말 고생이 많으셨지요. 돈도 안 되는 일이라 가족 분들한테도 죄송한 마음이 큽니다. 나중에 돈 벌어서 꼭 갚으려고요."

변호사들은 오히려 "우성이가 큰일 했다"라고 입을 모았다. 유 씨를 가장 살뜰히 챙겼던 양승봉 변호사는 유 씨를 무척 기특해했다.

"우성이를 구치소에서 수인복 입었을 때 처음 봤어요. 그땐 이놈이 간첩인지 아닌지 알 수가 없었어요. 국정원이 간첩이라고 하고 여동생도 자백했다고 하니 어떻게 안 믿겠어요. 국가를 상대로 하는 일인데, 당사자에게 의지가 없었다면 저희도 이렇게 못했을 겁니다. 저도 처음에는 무죄를 주장하는 게 우성이에게 좋은 건지 나쁜 건지 모르겠더라고요. 적당히 징역 살고 나와서 조용히 사는 편이 나을 수도 있으니까요. 그런데 우성이한테는 잘못된 것은 밝혀야 한다는 의지가 있었어요. 무죄 받은 것만도 좋은데 결과적으로 우성이가 국정원, 검찰 다 휘둘러 놓은 거지요."

유 씨는 "이번 판결을 계기로 다시는 저처럼 국가기관에 의해 개인의 삶이 파괴되는 일이 일어나지 않았으면 좋겠다"라고 말했다.

"저도 그렇지만 제 동생도 피해자거든요. 국정원 합신센터 안에서 얼마나 많은 조작이 일어나는지 다 밝혀지지 않았습니까. 탈북자들의 불안정한 신분을 이용해 인권을 침해하는 일이 더 이상 발생하지 않았으면 합니다."

유 씨는 우선 '공개재판주의' 원칙이 지켜져야 한다고 주장했다.

"제 사건 재판도 처음부터 공개했으면, 더 많은 분들이 공소사실 자체가 잘못됐다는 사실을 일찍이 아셨을 거예요. 그런데 1심에서는 몇 번 빼고 거의 다 비공개로 진행됐어요. 2심 중간에 언론에서 관심을 가져주니까 그제야 공개로 돌렸거든요. 1심 때와 비슷한 상황인데도 공개 재판에서는 차폐막 등으로 증인을 보호하니 큰 문제가 없었습니다. 검찰은 국보법 재판은 비공개로 해야 한다고 하는데, 오히려 국보법 재판일수록 더 공개를 해야 합니다. 꽁꽁 가려놓으면 검사들이 어디서 또 어떤 조작을 벌일지 모릅니다."

그럼에도 이곳에서 살고 싶다

2004년 4월 25일, 그는 처음으로 대한민국 땅을 밟았던 그날을 잊을 수가 없다. 공항 통유리로 눈부신 햇살이 쏟아져 들어오고, 바닥은 반질반질 윤이 났다. 화장실에 들어가면 불쾌한 냄새 대신 좋은 향이 났다. 사람들은 모두 친절했다. 따뜻하고, 밝고, 깨끗했다. 한국의 첫인상은 그랬다.

"'내가 천국에 왔구나' 싶었어요. 정말 좋았어요. 딱 하나, 공기가 탁한 것만 빼면요."

한국에 온 게 실감 나지 않아 한 시간이 넘도록 뜨고 지는 비행기들을 멍하니 바라보았다. 겨우 정신을 차리고 공항 보안관을 찾아 '탈북자 신고'를 했다. 어깨에 총을 멘 사람들이 달려왔다. 그들과 함께 공항을 나서면서도 그는 앞으로 펼쳐질 밝은 미래를 머릿속에 그렸다.

법원으로부터 두 번째 '간첩 무죄' 선고를 받은 2014년 4월 25일은 그가 한국에 온 지 딱 10년이 되는 날이었다. 누명을 벗었으니 기쁜 것은 당연했지만, 10년 전의 상상과 너무도 다른 자신의 모습을 보니 속상하고 착잡했다.

"저의 첫 번째 계획은 대학에 가는 거였어요. 7~8년 정도는 대학에서 다시 의학 공부하기, 10년 후에 병원에 들어가고 결혼하기, 15년 정도 지나면 아이 키우기. 이런 구체적인 계획들을 세웠어요. 워낙 바깥 활동을 좋아하니까 적응하는 게 어렵지 않을 거라고 믿었어요. 어느 정도 정착하면 아버지랑 동생도 곧 데려올 수 있을 거라고 생각했는데……."

그러나 지금 그가 서 있는 곳은 병원도, 대학교도 아닌 법원이다. 운이 좋다고 할 만큼 좋은 변호사들을 만났고, 언론에서도 많이 주목한

덕에 무죄를 얻어냈지만, 그는 이미 많은 것들을 잃어버렸다. 간첩 누명을 쓰기 전까지는 비록 계약직이었지만 서울시 공무원으로 일했고, 대학원에도 다니고 있었다. 하지만 지금은 아니다. 일터에서는 쫓겨난 지 오래고, 학업을 이어갈 수 있을지도 불투명한 상태다. '탈북 화교'라는 신분 때문이다.

유 씨는 항소심 선고 공판에서 국가보안법 혐의에 대해 모두 무죄 판결을 받았다. 그러나 화교 출신이면서 탈북자로 가장해 정착지원금을 타낸 혐의가 인정되면서 사기죄가 적용되었고, 북한이탈주민보호법 위반 등으로 징역 1년에 집행유예 2년을 선고받았다. 법무부는 유 씨를 중국 국적자로 간주하고 '집행유예를 선고받은 외국인은 강제퇴거 심사대상'이라며 추방 의사를 내비쳤다.

"저는 한반도에서 태어났어요. 중국에서는 살아본 적도 없어요. 그런데 얼굴도 모르는 조상님들 때문에 탈북자가 아닌 탈북 화교가 되었습니다. 나고 자란 한반도에서 내쫓기면 전 대체 어디로 가야 하나요."

이미 중국에서도 한국 국적을 취득했다며 유 씨의 국적을 박탈했다. 한국에서마저 쫓겨난다면 유 씨는 무국적자 처지에 놓이게 된다. 주변 사람들은 유 씨에게 '똑똑하니까 어딜 가든 성공할 것'이라고 말하지만, 이런 이야기는 유 씨에게 위로가 되지 않는다. 유 씨가 정착해 살고 싶은 곳은 이 나라, 대한민국이기 때문이다.

"저는 스스로 대한민국 국민이 되기 위해 북에서 건너왔습니다. 그래서 외국인들이 한반도에 안 좋은 이미지를 가지고 있다고 할 때, 남

1부. 간첩 공장의 진실

한은 북한 같은 곳이 아니라고 정확히 구별해서 말해주기도 합니다. 올림픽이나 월드컵 때 대한민국을 응원하는 것은 물론이고요. 무엇보다 이런 일을 당했어도 여전히 한국에서 살고 싶은 마음이 큽니다. 여기서 어떻게 더 애국심을 증명해야 할까요."

항소심 재판부도 그의 '애국심'을 인정했다. 재판부는 25일 "성공적인 정착을 위해 탈북자 단체 등에서 적극 활동했고 대한민국에 기여하고 싶다고 각오를 다진 점 등은 애국심을 갖고 있는 것으로 보인다"라고 밝혔다. 사실 유 씨의 최종 목표는 '남한 정착'이 아니다. 통일된 조국에서 꿈을 펼치며 사는 것이다.

"한국에 올 때, 저는 20년 안에 한반도가 꼭 통일될 거라고 생각했습니다. 그래서 한국에 와서도 통일 관련 활동을 많이 했어요. 만약 통일이 이뤄지면 제가 할 일은 명확해요. 북한에서는 의대를 졸업했고 한국에서는 사회복지를 전공했기 때문에 북쪽 주민들에게 의학 지식이나 의료 복지 서비스를 제공하고 싶습니다."

그는 남한에 거주하는 탈북자들의 정착을 도우며 스스로 통일을 준비했다. 탈북자들이 한국에서 잘 정착해 살아야 서로 간에 편견이 줄어들고, 그래야 통일 후에도 서로 이해하고 살 수 있다는 생각에서다. 그는 대학원 논문 주제도 '한국 내 탈북자들의 정착 문제'로 정했다. 유 씨는 국정원에 체포되기 전까지 낮에는 서울시에서 탈북자들을 지원하는 업무를 하고, 저녁에는 탈북자 지원에 관한 논문을 준비하며 '주경야독' 생활을 했었다.

이번에 바로잡지 않으면
누군가에게 또다시 일어난다

유 씨는 남한에 건너온 뒤 탈북자들을 위한 각종 지원 활동을 펼쳤지만, 정작 탈북자들은 유 씨를 탐탁지 않게 본다. 유 씨를 사기죄로 검찰에 고발한 이들도 탈북자들이었고, 법정에서 유 씨가 간첩이라며 거짓 증언한 이들 다수 역시 탈북자였다. 탈북자단체 회원들은 늦은 밤에도 유 씨 집 주변을 어슬렁거리는가 하면, 화요일마다 유 씨 변호를 맡은 민변 사무실 앞에 몰려와 시위를 했다. 그러나 유 씨는 그들이 불쌍하다고 했다.

"탈북자들은 알거든요. 나를 부정하지 않으면 다음 간첩이 자신이 될 수도 있다는 걸."

과거에도 그랬듯, 간첩 여부를 밝히는 것은 검사가 아닌 피고인 본인의 몫이다. 자신이 간첩이 아닌 증거를 내지 못하면 그대로 간첩이 되고 만다. 30년 전 조작 간첩의 제1순위 표적이 재일동포였다면, 지금은 탈북자들이다. 탈북자들은 매 순간 자신이 간첩이 아님을 증명하며 살아야 하는 것이다. 탈북자들이 기를 쓰고 유 씨 추방 집회를 벌이는 것은 '다른 사람은 몰라도 나는 간첩으로 만들지 말라'며 수사기관에 신호를 보내는 것이라는 이야기다.

"안타깝죠. 권력 기관에 잘 보이지 않으면 안 된다는 강박감. 이건 생존 본능이에요. 북한에 있을 때부터 힘센 사람에 굴복해야 한다는

82

간첩 무죄 판결을 받았지만, 유 씨의
삶은 거의 조각나버렸다. © 최형락

걸 배운 거지요. 남한에 와서 온전히 제대로 직장 잡고 잘 정착하면 그런 일은 안 할 텐데 말이에요."

그래서 유 씨는 더더욱 탈북자들의 정착을 돕고 싶다. 그러나 현실이 따라주지 않는다. 법무부에서 추방 카드를 만지작거리는 이상, 취업은 고사하고 학업조차 이어갈 수 있을지 장담할 수 없다.

"이런 사건이 있을 때마다 탈북자들 사이에서는 공포가 생겨요. 제가 간첩으로 몰린 건, 성공하고 싶어서, 잘 정착하고 싶어서 열심히 했던 활동들이 빌미가 된 거거든요. 입 닥치고 쥐죽은 듯 살아야 해요. 이제 탈북자 사회는 움츠러들 수밖에 없어요."

유 씨의 변호인 양승봉 변호사는 최후 변론에서 이렇게 말했다.

"제 돈과 시간을 써가며 일을 했습니다. 그런데 계속 미안했습니다. 왜 미안한가. 굉장히 민망하지만 저는 그것이 애국심이라고 결론 내렸습니다. 대한민국 국가기관이 저지른 너무나 가혹한 행위에 대해 변호인이기 전에 대한민국 국민의 한 사람으로서 미안함을 느낍니다. 그게 저는 애국심이라고 생각했습니다. 국가기관에 대한 애정과 신뢰가 있었기 때문에 실망감이 너무나 컸습니다."

양 변호사의 말대로, 대한민국 국가기관은 유 씨에게 너무나 가혹한 행위를 했다. 유 씨의 삶은 거의 조각났다. 직장도 잃었고, 주변 사람들의 신의도 잃었고, 시간도 잃었다. 그러나 엄청난 일을 저지르고도 국정원과 검찰은 별 말이 없다. 오히려 검찰은 '간첩죄 무죄'라는 항소심 판결에 불복하며 대법원에 상고를 신청했다. 반성의 기미를 찾을 수 없다.

"국가가 한 개인을 이렇게 제멋대로 간첩으로 만들어버리는 행위는 ……. 정말 30년 전 수사기관이나 지금이나 다를 게 없어요."

유 씨는 안산에 있는 세월호 합동 분향소에도 다녀왔다. 그는 세월호 참사와 자신의 사건이 크게 다르지 않다고 했다.

"유가족들, 추모하는 사람들을 보는데 가슴이 너무 아팠어요. 얼마 전 희생자 유가족이 언론에 보낸 글 중에 정말 공감이 가는 이야기가 있었어요. '과거에 사고가 발생했을 때 대충 넘어가서 이번에 더 큰 피해를 보았다'는 겁니다. 세월호 사고나 제 사건이나 마찬가지라고 봐요. 20~30년 전에 바로잡지 않았기 때문에 사건이 재발했듯, 이번 기회에 제대로 바로잡지 않으면 나중에 또 발생할 겁니다. 지금의 국정원과 검찰을 그대로 놔둔다면, 30년 뒤에 지금 저와 제 동생에게 벌어진 일들이 누군가에게도 일어날 겁니다."

유우성 씨는 2015년 10월 29일 대법원에서 국가보안법 위반 혐의에 대해 최종 무죄 판결을 받아 2년 9개월 만에 간첩 혐의를 벗었다. 대법원 재판부는 "오빠가 간첩"이라고 한 유우성 씨의 동생 가려 씨의 진술이 장기간 '사실상 구금' 상태에서 변호인의 조력을 받을 권리를 보장받지 못한 채 이뤄진 것이므로 무효라는 항소심의 내용을 그대로 받아들였다.

대법 판결에 앞서 2015년 4월 25일에 유우성 씨는 자신의 사건 담당 변호사였던 김자연 변호사와 결혼했다. 이날은 남한에 온 지 11년째 되는 날인 것과 동시에 항소심에서 무죄 판결을 받은 지 정확히 1년이 되는 날이었다. 우성 씨는 남한에서 행복한 가정을 꾸리는 데는 성공했지만, 인터뷰에서 토로한 대로 직장을 찾는 데는 여전히 어려움을 겪고 있다. 그는 2016년 9월 현재 서울시 마포구 소재 중국 전문 여행사에서 아르바이트를 하고 있다.

4

담뱃값,
간첩 누명의 대가였어요

북한 보위사령부 직파 간첩 조작 사건 피해자, 홍강철 씨

"21세기에 무슨……."

흔히들 하는 이야기다. 시간이 흘렀으니 시대 변화에 맞게 바뀌어야 한다는 말이다. 그렇다면 우리 정보기관도 '21세기'에 맞게 운영되고 있는 걸까. 1970년대 탈북자 김관섭 씨와 그로부터 20년 뒤인 1990년대 탈북자 이민복 씨는 정보기관원들로부터 똑같이 무자비한 폭행을 당했다. 2010년대 탈북자들의 이야기에 따르면, 전과 같은 폭행은 줄어들었다고 한다. 하지만 딱 거기까지다. 간첩으로 몰기 위한 협박과 회유는 21세기에도 여전하다. '유우성 사건'이 대표적이다. 공문서 위조 등 사정기관의 간첩 조작극은 재판을 통해 낱낱이 까발려졌다. '제대로 혼쭐이 났으니, 앞으로는 이런 일이 없겠지…….' 많은 이들이 그렇게 생각했다. 그러나 '유우성 간첩 조작극'으로 나라가 들썩이던

멀리 보이는 홍강철 씨와 공판 조서 서류들.
© 서어리

2014년 3월, 검찰은 또다시 '북한 보위사령부(보위부) 직파 간첩 사건'
을 발표했다.

결론부터 말하자면, 이 사건의 피의자 홍강철 씨는 유우성 씨와 마
찬가지로 1심, 2심, 3심에서 전부 '간첩죄 무죄'를 선고받았다. 검찰과
국가정보원이 내민 증거는 오로지 홍 씨의 자백 하나뿐이었다. 그렇다
면 그 자백은 과연 어떻게 나온 것일까? 이제 이야기할 것은, 하루아침
에 '보위부 직파 간첩'이 되어버린 홍강철 씨의 기막힌 사연이다. 우리
정보기관이 멀쩡하던 사람을 어떤 식으로 간첩으로 몰아갔는지를, 홍
씨의 육성 증언과 재판 기록을 통해 전한다.

너, 간첩이지?

"제가 북한에 살 때, 공부는 잘했더란 말입니다. 학교 다닐 때 학생
회장도 하고요. 근데 출신 성분이 문제였습니다. 처음에는 노력하면

어찌어찌 됐는데, 위로 올라갈수록 토대 좋은 사람이랑 차이가 나더라고요. 학교 졸업할 때는 우리 군에서 성적도 상위권이었는데 제 토대가 좋지 않으니 전문대를 추천해주더군요."

북한 사회주의 체제에 반감이 생기기 시작한 것은 그때부터였다. 직장에서도 마찬가지였다. 출신 성분이 낮다는 이유로 진급에서도 번번이 밀려났다. 마음을 고쳐먹었다.

'내 아무리 노력해도 발전할 수 없으니 돈이라도 벌자.'

홍 씨는 북한에 남아 있는 남한이나 중국의 탈북자 가족들에게 돈을 대신 보내주는 송금 브로커 일을 시작했다. 수수료 벌이가 꽤 쏠쏠했다. 친척 한 분의 탈북을 도와준 것을 계기로 탈북 브로커 일에도 손을 댔다. 국경경비대 대원들과 연이 닿아 그리 어렵지 않게 탈북 브로커 일을 할 수 있었다.

수사기관의 단속에 걸릴 때면 그 자리에서 바로 돈을 꺼냈다. 한국으로 따지면 파출소나 경찰서의 말단 직원에 해당하는 그들은 벌이가 그다지 좋지 못했다. 그래서 홍 씨가 돈을 꺼내 들면 지방의 말단 수사기관 직원들은 조용히 호주머니에 넣고 사건을 덮었다. 또 수사기관에 있는 지인의 도움을 받기도 하면서, 그렇게 몇 번이나 단속망을 피할 수 있었다. 그때는 체제의 모순을 견디고 살려면 이렇게 살 수밖에 없다고 생각했다. 그러나 워낙 범법 행위를 많이 했던 탓에, 홍 씨는 동네 수사기관 직원들에게 요주의 인물로 찍히고 말았다. 주변에서 탈북 사건이 터질 때면 곧잘 용의자로 의심받았고 수사기관에 잡혀가 조사를 받기도 했다. 이렇게 몇 번을 잡혀 갔다 오니, 북한에 발붙이고 살기 고 달프단 생각이 들었다. 홍 씨는 아내에게 "이렇게 살 바엔 한국에 가 자"라고 했다.

어느 날, 형편이 좋지 않은 친척 조카가 북한을 떠날 수 있게 도와달 라고 간청했다. 울며불며 사정하는 통에 아내와 함께 탈북을 도와주기 로 했다. 2013년 1월 말경, 국경 근처에 있는 장모 집으로 갔다. 거기서 밤을 지내고 아침 일찍 떠나기로 작전을 짠 뒤 잠이 들었다. 그러다 새 벽녘에 슬쩍 잠이 깨 주위를 둘러보니 아무도 없었다. 어찌 된 영문인 지 넋을 놓고 있는데 별안간 밖이 소란스러워졌다. 뭔가 사달이 났다 는 생각에 두만강 근처로 달려갔다. 새벽 일찍 조카를 데리고 나간 아 내는 이미 국경경비대에 체포된 상태였다. 이번엔 돈을 써도 소용이 없었다. 아내는 현장에서 탈북을 도운 게 들통나 10년 이상의 형을 받 게 되었고, 수사기관 직원이 홍 씨도 의심하기 시작했다.

"너 인마, 네 아내가 그러는데, 네가 한국 가겠다고 했다며? 너도 조 카가 강 건널 때 나가려고 했지?"

아내도 구류장에 들어간 상황에서, 본인까지 탈북 방조죄로 잡혀 들 어갈 터였다. 엎친 데 덮친 격으로 송금을 받아준 일도 발각되어 체포 령까지 떨어졌다. 이제는 자신이라도 잡히지 않고 탈북해서 돈을 벌어 보내야, 구류 중인 아내와 가족들 모두를 살릴 수 있었다. 자신과 가족 모두를 지키는 길은 북한을 떠나는 길뿐이라고 생각했다.

탈북할 수밖에 없는 상황에서 홍 씨는 유대용(가명)이라는 자와 통화하게 되었다. 예전에 송금 브로커 일로 통화하는 과정에서 알게 된 같은 고향 출신의 탈북자였다. 그는 홍 씨에게 한 가지 제안을 했다.

"내가 한국에서 꽤 힘이 있는 탈북 브로커요. 내 일을 잘 도와주면 한국까지 무사히 데려다주겠소."

유대용이 요구한 것은 북한 내부 정보였다. '남한 국정원 사람과 연결된 사람인가' 하는 생각이 언뜻 스치고 지나갔지만, 탈북하기로 마음 먹은 이상 그의 부탁을 들어주기로 했다. 5월 중순, 유대용에게서 다시 전화가 걸려왔다. 지금 중국에 나와 있는데, 박화선(가명)이라는 여자 와 그의 딸을 데리고 강을 건너면 돈도 주고 한국에 데려다주겠다고 했 다. 홍 씨는 꼭 그러겠노라 답했다. 40년 일생을 살아온 땅이라 발걸음 이 쉬이 떨어지지 않았지만, 이젠 되돌릴 수 없었다.

유대용을 만나기 위해 우선 강을 건너야 했다. 박화선의 어린 딸을 배낭에 넣어 밀수품처럼 위장해 국경경비대 군인을 속이는 등 우여곡 절 끝에 강을 건넜다. 그리고 유대용과 통화를 하고 약속 장소로 갔다. 그러나 종일 기다려도 그는 나타나지 않았다. 밤늦게 다시 연락이 닿 은 유대용은 가는 길이 경비가 삼엄하니 자신이 있는 장소로 와달라고 했다. 홍 씨는 겨우 찾아갔지만, 유대용은 또다시 약속 장소를 바꾸었 다. 날이 밝아 홍 씨 일행이 더는 걸어서 움직일 수 없는 상태였는데도, 유대용은 홍 씨 일행이 있는 곳과 40~50리 떨어진 곳으로 오라고 했 다. 홍 씨는 '밀수꾼의 신분으로 가장해서 건너고 있기 때문에 더 건너 가다간 잡힌다'고 말하며 더는 못 가겠다고 했다.

이미 밥도 떨어지고, 물도 동이 난 상태였다. 어른들보다 박화선의 딸아이가 문제였다. 풀숲을 헤쳐 산딸기를 먹이면서 우는 아이를 겨우 달래며 버텼다. 그런데도 유대용을 만날 수 없었다. 화가 치밀었다. 결국 한국에 있는 박화선네 가족의 도움으로 다른 브로커에게 연락해 겨우 연길까지 나올 수 있었다.

그리고 이 브로커의 도움을 받아 7월 초에 태국에 갔다. 난민 절차에 따라 방콕 이민국 수용소에 들어갔다. 태국에서 생활할 돈이 다 떨어지자, 남한에 있는 박화선의 친척에게 송금을 부탁하기 위해 전화를 걸었다. 박화선의 친척은 송금을 약속한 뒤 이상한 이야기를 꺼냈다.

"아저씨(홍 씨)네 형님(유대용)이라는 사람이 아저씨를 보위부 정보원이고, 보위부 임무를 받고 오는 간첩이라고 국정원에 신고했다는데요? 아저씨 간첩인 건 아니죠?"

처음에는 그게 무슨 소리냐며 대수롭지 않게 여기고 전화를 끊었다. 그런데 어쩐지 불안한 기운이 느껴졌다. 나중에 들은 이야기지만, 약속 장소에 나오지 않은 유대용이 홍 씨 일행을 한국에 데려오는 데 실패해 박화선의 가족으로부터 돈을 받지 못하자, 돈을 내놓으라며 그 가족에게 홍 씨가 간첩이라고 협박하기 시작했고, 국정원에도 홍 씨를 간첩이라고 거짓 신고한 것이었다.

"내가 북한에 있을 때 〈화려한 휴가〉, 〈이중간첩〉 같은 한국 영화를 많이 봤어요. 영화를 보면 고문하는 장면이 많이 나오더라고요. 그래서 나도 혹시 고문을 받으면 어쩌나 겁이 나는 거예요. 한국에는 내가 믿을 사람이 없으니까 더 무서웠어요."

2013년 8월 중순경, 홍 씨는 다른 탈북자들과 섞여 겨우 한국에 도착할 수 있었다. 공항에서 기다리고 있는데 국정원 사람 대여섯 명이 다가왔다. 그중에는 권총을 찬 사람도 있었다.

국정원 사람들은 합신센터에 가기 전 신체검사를 하겠다며 공항에서 20여 분 정도 거리의 모 병원으로 데려갔다. 큰 강당 같은 곳에서 순서대로 서서 검진을 기다리는데, 권총을 찬 국정원 직원이 건들건들한 걸음새로 왔다 갔다 했다.

"내가 김정일을 죽이려고 북한에 네 번 갔다 온 사람이다." 말을 한 직원이 별안간 홍 씨 이름을 크게 불렀다. 손가락으로는 가슴팍에 걸린 이름표를 가리킨 채였다.

"홍강철이, 너 간첩이지?"

서른 명 넘는 탈북자들이 순간 숨을 죽이고 그를 쳐다보았다. 그렇지 않아도 태국에서부터 가슴을 졸여왔던 차였다. '결국 간첩 의심을 받는 것인가' 싶어 앞이 깜깜해졌다. 합신센터에 입소하자마자 직원들은 몸수색을 한다며 옷을 벗으라고 했다. 알몸 상태로 검사를 받으니 기분이 좋지 않았다. 갑자기 홍 씨를 부르는 소리가 들렸다. 박화선 씨 짐 가방에서 홍 씨의 사진이 나온 것이었다. 욕 섞인 반말 세례가 날아들었다.

"야, 이 개새끼야, 네 짐은 네가 건사해야지, 너 말 안 들을래?"

직원들은 홍 씨를 '대기방'으로 데리고 갔다. 본격적으로 조사를 받기 전에 머무는 곳이었다. 그곳에서 홍 씨는 답답하기 그지없었다. '종료방'에 있는 탈북자들에게는 담배 피우는 것이 허용되었지만, '대기방' 사람들에게는 허용되지 않았다. 홍 씨는 태국 이민국에서도 하루에 한 갑씩 피웠던 담배를 피우지 못하게 되자 금단 증상에 시달려야 했다.

입소일로부터 보름이 훌쩍 지난 9월 초순경, 센터 직원을 따라 대기방에서 나온 뒤 새로 옮겨간 곳은 화장실이 딸린 독방이었다. 얼마간 혼자 우두커니 앉아 있는데, 한 남자가 방에 들어왔다. 홍 씨를 신문하러 온 조사관이라고 했다. 그를 따라 다시 방을 나가 2층에 있는 다른 조사실로 향했다.

"너 보위부 정보원했다며?"

"무슨 소립니까. 나는 '눈깔(북한에서 정보원을 이르는 은어)' 할 일이 없습니다. 눈깔은 돈 없는 사람이나 하는 거지, 나는 죄 질러놓고도 돈 주고 나온 사람입니다."

조사관은 계속 그에게 정보원 노릇을 하지 않았느냐 물었다. 그는 답답함에 담배부터 찾았다. 조사관이 선뜻 내주었다. 건물 밖에서 담배를 같이 피우는 동안, 다시 질문이 쏟아졌다.

"야, 북한에서 시키면 하게 돼 있잖아."

"예, 맞습니다."

"그래. 북한에서 시키면 하게 되어 있는데, 위에서 보위부 정보원 하라고 시켰으면 해야지, 안 하고 배겨? 여기 숱하게 있는 탈북자들 중에서도 보위부 정보원 한 사람이 가득한데, 야 인마, 그것 가지고 그렇게

시시하게 노냐. 북한에서 한 일 가지고 여기서 너 추궁하는 사람 하나
도 없어. 정보원 한 사람들 그 누구도 처벌 안 해."

조사관은 자꾸만 '인정하라'고 했다. 그러더니 말을 툭 던졌다.

"야, 너 담뱃값이라도 해야 하지 않겠냐."

조사관들의 자백 '힌트'

"그땐 조사관이 저한테 '담뱃값을 하라'고 하니까……. 그 사람이 업
적을 세우고 싶어서 그러는가 보다 했지요. 자기가 하고 싶어서 하는
일도 아닐 테고. 그리고 아무리 '눈깔'이었다고 해도 북한에서 한 일이
니 처벌은 않겠다고 하고……."

그는 담배를 쭉 빤 뒤 말했다.

"그럼 제가 (정보원) 했다 하시오."

그야말로 딱 걸려들었다. 무심하게 내뱉은 이 한 마디가 '허위 자백'
의 시작이었다.

"특수부대 출신이다. 허튼 생각하지 마라."

'건수'를 잡은 조사관은 계속 캐물었다.

"정보원이었으면 맹세문도 읽고, 서약서도 읽고 했겠지?"

"모릅니다. 제가 정보원 했다고 하는 건 선생님 생각해서 이야기하
는 게 아니겠습니까."

1부. 간첩 공장의 진실

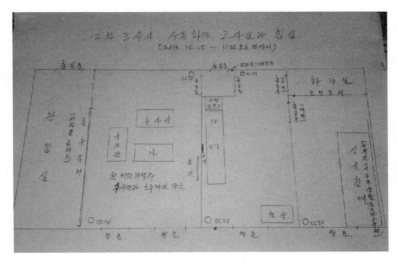

홍강철 씨가 그린 조사실 구조도. ⓒ서어리

  조사는 길어졌다. 다른 탈북자들은 일주일 만에 끝났지만, 홍 씨의 조사는 2주가 넘어서야 끝났다. 독방에는 달력이 없었기 때문에 예전에 그 방에 머문 탈북자들이 벽에다 적은 날짜 위에 표시를 하며 조사 일수를 셌다. 그리고 약 한 달 뒤, 2차 조사에 들어갔다. 센터 직원들이 홍 씨를 또 다른 방으로 데려갔다. 처음 들어갔던 방에 비해 훨씬 컸고 조사실도 딸려 있었다. 방 크기를 보고 그제야 '아차' 했다. '보통 일이 아니구나. 뭔가 단단히 잘못 걸렸구나' 하는 생각이 들었다.

  조사관도 달라졌고, 조사관 수도 늘었다. 또 다른 방으로 갔다. 어두 컴컴한 곳이었다. 조사관들은 그가 있는 자리에서 멀찍이 떨어진 책상 앞에 앉았다. 순간, 남한 영화에서 보았던 고문 장면이 생각났다.

"너 한국에 몇 번이나 들어왔어?"

"처음입니다."

"너 1차 조사 때 보위부 정보원이었다고 했지?"

"아닙니다. 담뱃값 하라고 해서 한 말입니다."

"야, 좋게 말할 때 빨리 해결하고 가라. 왜 자꾸 불쾌하게 노냐."

스산한 인상의 조사관은 그에게 왜 탈북했는지를 계속해서 물었다. 북한에서 탈북 브로커 일로 체포된 아내가 수사기관에 제 남편이 한국으로 가려고 했다고 진술한 일, 송금 브로커였던 자신을 통해 송금을 받은 사람이 북한 수사기관에서 '홍 씨를 통해 마약장사를 했다'고 진술해 체포령이 떨어진 이야기들을 줄줄 말했다.

"탈북 이유가 말이 안 되잖아. 다시 말해. 한국에 왜 왔어."

반복되는 질문에 입을 다물 때마다 고압적인 태도로 "묵비권 행사하는 거냐?"라고 따져 물었다. 한 말을 하고 또 하자, 조사관이 옆에 와 책상을 발로 꽝 걷어찼다. 여러 번 치자 책상이 어느새 홍 씨 몸 바로 앞까지 와 있었다. 머리털이 쭈뼛 서는 기분이었다.

"우리 다 특수부대 출신이야. 허튼 생각하지 마라."

"고압 나오는 거짓말 탐지기 위에서 죽고 싶어?"

조사관들은 홍 씨의 진술을 믿어주지 않았다. 자연스레 조사 기간은 길어졌다. 힘들어진 홍 씨는 '거짓말 탐지기 검사를 하게 해달라'고 말했다. 북한에서 송금 브로커 일을 할 적에 다른 탈북자들로부터 들은 '국정원에서 거짓말 탐지기 검사를 한다'는 이야기를 떠올린 것이었다.

그러나 조사관들은 "거짓말 탐지기를 어떻게 아느냐"라며 "거짓말 탐지기를 아는 걸 보니 간첩이 분명하다"라고 했다.

"이번에 미국에서 거짓말 탐지기 새로 들여온 거 알고 있나? 그 기계 동작시키려면 미국에서 박사들을 모셔 와야 하는데, 그러려면 돈이 많이 들어. 그래서 너 같은 거한테는 안 쓴다. 너 그 기계 앞에서도 거짓말하면 고압 전류가 나와서 죽어. 그래도 할래?"

홍 씨는 그래도 하게 해달라고 했다. 그러나 조사관들은 요청을 묵살했다. 홍 씨는 지칠 대로 지쳐 있었다. 담배 생각이 더욱 간절해졌다. 조사관은 홍 씨가 '탈북 이유가 말이 안 된다', '다른 이유를 대라'라는 질문에 곧이곧대로 대답할 때마다 서 있게 했다. 다리는 퉁퉁 부었고 뺨에서는 눈물이 주룩 흘렀다. 조사실 특수유리 너머 관찰실에서 홍 씨를 지켜보던 간부 한 명이 나타났다. 그에게 애원하듯 말했다.

"좀 앉아도 되겠습니까?"

"…… 너 담배 피우고 싶지?"

조사관이 담배 한 개비를 건넸다. 홍 씨가 볼이 홀쭉해지도록 담배를 피우자 그가 말했다.

"아까 하나원 가는 사람들 봤지? 너도 인정하고 빨리 가라."

홍 씨는 같이 입소한 사람들이 여행 가방을 끌고 하나원행 버스를 타는 것을 창문을 통해 본 터였다. 마음이 다급해졌다.

"그땐 '인정하고 빨리 가라'는 말이, '하나원으로 가라'는 말인 줄 알았습니다. 정보원이라고 인정하면 나도 빨리 하나원에 가게 되는 건

줄 알았단 말입니다."

　결국 그는 태도를 바꿨다. 조사관들이 물어보는 대로 대충 '그렇다'
고 답했다. 조사관들이 구체적인 것을 물어볼 때도 있었다. '북한에서
어떤 임무를 줘서 보냈느냐'는 식의 질문이었다. 홍 씨가 말문이 막히
면, 조사관들은 "어떤 사람은 북한에서 기독교 목사를 비롯한 탈북 브
로커들을 유인, 납치해야 되니까, 그들의 중국 거처를 알아보고 지하당
조직을 만들라는 임무를 받았다고 하던데, 너는 무슨 임무를 받았어?"
라고 되물었다. 힌트를 주는 것이었다. 보위부 정보원 맹세문의 내용
을 물을 때도 똑같은 과정이 반복되었다. 그때마다 홍 씨는 조사관들
의 이야기를 들은 대로 다시 말했다.

　이러기를 수일 째. 전날에 실컷 허위 자백을 하고, 그다음 날 아침에
일어나 '이건 아니다' 싶어서 다시 부인했다. 진술을 뒤집으면 조사관
들은 종일 담배를 주지 않았다. 독방에 있으면 담배 생각이 더욱 났다.
저녁 즈음 되어서 담배가 무척 피우고 싶어 결국 또 인정하면, 그때야
담배를 몇 대 피울 수 있었다.

　담배는 홍 씨의 허위 자백을 받아내기 위한 좋은 미끼였다. 밥도 술
도 마찬가지였다. 평소에는 북한에서도 느끼지 못할 굶주림을 느낄 만
큼 박하게 주다가 허위로라도 인정하면 순대, 보쌈, 빵에 소주를 곁들
인 거한 상을 내줬다. 이런 식으로 허위 자백을 해서 가게 될 곳이 '하
나원'이 아닌 '구치소'일 줄은 그땐 꿈에도 몰랐다.

　제 머릿속에서 나오는 말이 아니라 다른 사람의 이야기를 그대로 받

아 말하는 식이니 어처구니없는 진술도 많이 나왔다. '종북 세력'이라는 표현이 대표적이다. 북한에서는 '종북 세력'이라는 표현을 쓰지 않는다. 남한에서나 통용되는 말이다. 그런데 조사관들의 말을 그대로 옮겨 쓰느라 '종북 세력들의 동향 파악'이라고 진술서에 작성하면, 조사관들은 북한에서도 '종북 세력'이라고 하느냐며 북한에서 쓰는 표현대로 쓰라고 했다. 그래서 다시 '민주 세력'이라고 썼다가, 그것도 북한에서 쓰는 표현이 아니라고 해서 나중에는 '통일애국인사'라고 바꿔 쓰기도 했다.

"통일애국인사가 누군지 예를 들라고 해서, 합신센터 와서 본 『진보의 그늘』이라는 책에 나온 이름들을 생각나는 대로 막 이야기했어요. 조사관은 내 말을 듣더니 '임종석은 의원을 하지 않고 문익환 목사는 죽은 지 오랜데 그것도 모르느냐'고 하더라고요. 북한에서 그 사람들 동향을 알아볼 임무를 받고 왔다는 간첩이 그 사람들 근황도 모른다는 게 얼마나 웃긴 일이에요."

조사관들은 '공작원이면 문건 같은 것도 쓰고 그러지 않겠느냐'고 했다. 그렇겠거니 해서 '공작원 인입보고서'라는 문건을 상상해서 하나 꾸며 썼다.

며칠 후, 태국에서 홍 씨를 신문했던 키 큰 조사관이 왔다. 그는 태국에서 홍 씨를 조사한 기억이 없다며, '기억이 없는 걸로 봐서 문제가 있는 사람이 아닌 것 같다'고 고개를 갸웃거렸다. 그는 공작원 인입할 때 냈던 양식을 칠판에 그려보라고 했다. 홍 씨는 그가 전에 꾸며 쓴

'공작원 인입보고서' 양식을 그렸다. 키 큰 조사관이 의아한 표정으로 물었다.

"아니, 북한에서 남한에 파견하는 간첩 정도면 중앙당 부부장급 이 상일 텐데, 서류에 그 사람 사진이 없다는 게 말이 됩니까?"

그 말을 듣는 순간, '이 조사관은 문제를 제대로 아는구나' 싶었다. 눈물이 솟구쳤다. 눈물을 줄줄 흘리며 그에게 그동안 합신센터에서 있었던 일들을 모두 다 이야기했다. 묵묵히 홍 씨 이야기를 듣던 그 조사관은 아무 말 없이 방을 나갔다. 다시 예전 조사관이 들어왔다.

"비행기 폭파시킨 김현희 같은 사람도 살았어. 국정원서 다 봐줘서 그렇게 사는 거야. 북한에 있었을 때 일은 어쩔 수 없지. 그런데 한국은 그런 나라 아니다. 너 한국에 들어와서 나쁜 일한 거 있어? 나쁜 일한 게 없는데 왜 자꾸 번복해."

오랜 회유에 홍 씨는 다시 넘어가 버렸다. 본 적도 들은 적도 없는 공작원 맹세문을, 조사관들의 힌트를 받아서 지어 썼다. 조사관들은 국가정보원에 홍 씨를 위장 탈북 간첩이라고 일러바친 유대용(가명)과의 관계도 추궁했다. 조사관들이 힌트를 준 대로 '탈북 브로커 납치가 제 업무'라 허위 자백을 했으니, 자신의 탈북을 도와주기로 했던 유대용을 납치하려 했다는 말을 만들어야 했다. 그러려면 홍 씨가 유 씨를 유인한 증거가 있어야 했다. 그러나 그런 증거가 있을 리 만무했다. 홍씨가 유대용을 처음 만나기로 하고 결국 만남에 실패하기까지 총 18일이 걸렸다. 또 국경에서 만나자고 먼저 말을 꺼낸 것은 홍 씨가 아니라 유대용이었다. 아무리 생각해도 정말로 유 씨를 유인해 납치할 임무를 받은 공작원이라면, 스스로 국경에 오겠다는 유 씨를 납치하지 못했다고 하는 게 말이 되지 않았다. 그러니 거짓말을 만들어내는 것은 무리였다. 도저히 말을 만들어낼 수 없다고 하자 조사관들은 홍 씨를 다시금 타일렀다.

"우리도 윗사람들 앞에서 너에 대해 보증을 서야 한다. 우리랑 인간관계가 나빠지면, 누가 너에 대해 보증을 서겠냐? 너에 대해 좋게 말해줄 사람은 우리밖에 없다."

다음 날, 조사 간부가 담배와 갓 담근 김치, 그리고 A4용지 넉 장짜리 반성문을 가져왔다. 간첩 혐의를 부인하다가 결국 조사관들에게 자신의 잘못을 실토한 탈북자의 반성문이라고 했다.

"북한 같았으면 맞아 죽었는데 여기 와서 보니 조사관 선생님들이 친형처럼 돌봐주고 인간적으로 대해주어 진실을 말합니다……."

반성문을 죽 읽어 보니, 어딜 보아도 '감옥에 간다'는 말이 없었다. 조사관들은 "지금 유대용은 한국에 잘 있다. 그런 문제 때문에 시간 끌지 말라"라고 했다. 조사관들의 말대로라면 홍 씨가 유 씨를 유인, 납치하기 위해 시도했다 하더라도 '미수'가 되는 셈이었다. 꾸며서라도 빨리 혐의를 인정하고 나가야겠다고 다시금 다짐했다.

12월 초가 되었다. 허위 진술 내용이 늘어날수록 홍 씨 방 냉장고에는 먹을 게 넘쳐났다. '이 정도 진술하면 이제 곧 하나원에 갈 수 있겠구나' 싶어, 앞으로의 거취에 대해 물었다. 그제야 조사관들은 한국은

법치국가라서 그냥 넘어가지는 않을 거라며, 검찰 조사를 받고 법원 가서 재판도 받을 거라고 했다. 조사관들은 판사를 잘못 만나면 교도소에 갈 수 있다고 하면서도, 국가보안법 몇 조 몇 항을 위반했는지는 알려주지 않았다. 그들은 길어야 2~3년이라고 했다. 그러면서 "그래도 떨지 마라. 우리 국정원을 믿어라"라고 했다.

"대한민국에서는 특별사면을 자주 내리는데 석가탄신일, 크리스마스, 광복절 사면 받아서 나올 수 있게 도와줄게. 그리고 교도소에서 나오면 국정원과 연관된 곳에서 일하게 해줄게. 너는 기술도 없을 텐데 요새 대한민국에서 일자리 구하는 게 얼마나 어려운 일인지 모르지?"

북한에 남은 홍 씨 가족들 이야기도 꺼냈다.

"네가 봉급을 타야 가족도 데려오고 행복하게 살 수 있을 거 아냐. 북한에서 사람 한 명 데려오려면 지금은 값이 올라서 1200만 원이나 들어. 그리고 평양에 있는 사람도 데려다주는 마당에 지방에 있는 사람들이야 국정원에서 못 데려오겠어? 무사히 데려올 수 있으니, 절대 걱정하지 마라."

조사관들은 간첩 자백을 하는 사람들이 기자회견을 하면 북한에 있는 가족들이 피해를 당할 수 있다며, 홍 씨에 대한 이야기를 절대로 언론에 내보내지 않겠다고 약속했다. 6개월간의 수용 생활이 끝날 즈음, 조사관들은 홍 씨에게 한 가지 당부를 했다. 재판에 가서 절대 번복하지 말라는 것이었다.

"'민변'이라고 종북 변호사들이 있는데, 그 사람들이 찾아오면 절대

1부. 간첩 공장의 진실

그 사람들 말 듣지 마. 그 사람들 믿고 재판 가서 번복하면 교도소에서 3년 살고 나올 거 5년 산다."

2014년 1월 중순경, 홍 씨는 합신센터에서 지내면서 국정원 내곡동 수사팀의 조사를 받았다. 홍 씨가 조사를 받으러 간 곳은 2차 조사 첫날에 갔던 어두컴컴한 방이었다. 내곡동 수사관들은 홍 씨 진술을 듣고 고개를 갸웃했다.

"이해가 안 가는 부분이 많다. 삼류 첩보 소설을 보는 것 같다."

탈북자를 잡아야 할 사람이 두 명이나 더 데리고 탈북한 점, 탈북 브로커를 유인해 납치할 임무를 받은 공작원이 스스로 국경에 오겠다는 브로커를 납치하지 못한 점 등이 앞뒤가 맞지 않는다는 것이었다.

그렇게 내곡동 수사팀의 조사가 끝나고, 2월 중순경 홍 씨는 드디어 합신센터를 떠났다. 그곳을 떠나기 전, 합신센터 조사관들은 내곡동 수사관들이 보는 앞에서 홍 씨의 가방 안에 담배를 6~7갑 넣어줬다. 또 셔츠를 주며 "이건 봄에 입으라"라고 했다. 소주도 마시고 싶으면 달라고 말하라 했다. 홍 씨는 조사관들에게 전적으로 의지할 수밖에 없는 처지가 되었다. 자신과 가족의 안위가 그들에게 달린 셈이었다.

국정원이 나를 속였구나

합신센터에서 나온 뒤, 서울 구치소에서 수감된 상태로 다시 수사를 받았다. 구속영장 실질심사를 받을 때 잠깐 국선 변호사와 면담을 했지만, 그에게 도움을 요청할 수는 없었다. 국선 변호사와 면담하는 곳 문 바로 앞에 국정원 수사관 여덟 명이 서 있었다. 국선 변호사와의 대화는 맥없이 몇 분 만에 끝이 났다.

2월 말경, 구치소에서 수감 생활을 하며 이번에는 검찰 조사를 받았다. 검사는 "변호인의 도움을 받을 수 있다"라고 하면서도 "그렇지만 우리가 찾아서 변호인을 데려다줄 수는 없다"라고 했다. 한국의 사법 체계에 대해 아는 게 없음은 물론이거니와, 한국에 아는 사람 한 명 없는 홍 씨에게 이 말은 너무도 막막하게 들렸다. 변호인의 도움을 받을 수 없다는 말과 다름없었다.

"내 편이라고는 누구도 없는 상태에서, 어떻게 제가 진실을 밝히겠다고 할 수 있습니까."

합신센터에 있을 때처럼 홍 씨는 고분고분 수사에 응했다. 조사 과정에서 검사가 나가 한참 동안 기다리기만 한 적도 있었다. 지루하고 힘들었지만, 홍 씨는 힘들다고 말할 수 없었다.

그러던 3월 중순경 어느 오후였다. 구치소 방에 혼자 갇혀 있던 홍 씨는 너무 심심해서 지나가는 사동 도우미에게 읽을거리라도 달라고 했다. 하루 정도 지난 신문 하나를 가져다줬다. 읽다가 어쩐지 홍 씨 자신의 이야기인 것만 같은 기사를 발견했다. '국정원 밥 먹고 14킬로그램 찐 간첩……'[11] 자극적인 제목 아래 내용은 홍 씨가 합신센터에서 허위 자백한 내용 그대로였다. '지령을 받고 국경 지역에서 탈북 브로커 모 씨를 유인, 납치하려다 미수에 그쳤다'는 식이었다. 그제야 홍 씨는 눈치챘다.

'국정원에서 나를 속였구나!'

국정원은 언론에 홍 씨 이야기를 공개하지 않겠다는 이야기를 뒤집 었다. 그렇다면 북에 있는 가족들을 데려다주겠다는 약속도 거짓일 가 능성이 컸다. 홍 씨는 분노에 치를 떨었다. 이제 모든 진실을 밝혀야겠 다고 다짐했다. 합신센터 직원들은 언론에 홍 씨의 이야기를 흘리지 않겠다고 했다. 그러나 신문에 대문짝만하게 나온 기사는 분명 홍 씨, 자신에 관한 내용이었다.

당장 북한에 있는 가족들이 떠올랐다. 홍 씨 가족을 한국에 데려와 주겠다던 약속 또한 거짓일 거라는 생각이 들었다. 구치소 공안 담당 교도관에게 국가정보원 사람들을 만나게 해달라고 했다. 교도관은 검 사와도 만날 권한이 없지만 면담은 알아보겠노라 했다.

홍 씨는 곧 담당 검사와 면담했다. 테이블 위에 녹음기부터 꺼내 놓 은 검사가 말했다.

"국정원에 알아보니, 북한에 있는 홍강철 씨 가족들을 데려오겠다는 게 아니라 가족들이 태국에 나오면 돌봐주겠다는 이야기던데요."

국정원에 '뒤통수를 맞은 것 같다'는 추측이 확신으로 굳어진 순간이 었다. 곧이어 법원에서 변호인의 도움을 받아 일주일 내에 의견서를 제출하라는 서류가 날아들었다. 의견서 제출 기한이 점점 다가왔지만 홍 씨를 담당하는 국선 변호사는 오지 않았다. 사실 의견서는 기한 내에 꼭 제출해야 하는 것은 아니었다. 그러나 그 사실을 알 리 없는 홍 씨는 그저 손톱만 깨물었다. 기한이 다 될 즈음 초조해진 홍 씨는 면담 자리에서 검사에게 의견서를 어떻게 해야 하는지 물어보았다. 검사는 기한 내에 꼭 제출하라고 했다.

법원에 의견서를 보낼 때 봉인이 되는지, 구치소 교도관에게 넌지시 물어봤다. 교도관은 '여기서 나가는 모든 문서는 검열된다'고 했다. 겁이 났다.

"의견서에 자백한 내용을 뒤집어서 쓰면, 검열에 걸려 다시 국정원에 끌려갈 줄 알았어요. 내곡동에서 조사받을 때 건물 지하에 고문하던 데가 있다고 어디서 들었거든요."

결국 진술을 번복하지 못했다. 괴로웠다. 의견서를 제출하는 날, 국선 변호사에게 편지를 썼다. 교도관은 편지 또한 검열 대상이라고 했다. 그러니 편지에 '진술을 번복하고 싶다'는 말을 차마 쓸 수 없었다. 대신 '재판에 관해 물어볼 이야기가 있으니 만나달라'고 했다.

그렇게 홍 씨는 의견서 제출 시한에 쫓겨 국선 변호인 접견도 하지 못한 채 공소사실을 모두 인정하는 의견서를 제출할 수밖에 없었다. 반성문은 따로 쓰지 않았다. 그랬더니, 이번에는 사동 도우미가 반성문은 안 쓰느냐며 반성문 양식을 그려줬다. 무조건 써야 하는 건 줄 알고 반성문도 썼다.

며칠 뒤인 3월 말경, 어떤 변호사가 홍 씨 접견을 신청했다. 나가 보니 홍 씨가 알던 국선 변호사 이름과는 달랐다. 그 변호사는 홍 씨가 편

1부. 간첩 공장의 진실

지를 보낸 국선 변호사로부터 연락을 받고 찾아왔다고 했다.

"김진형 변호사입니다."

'변호사를 가장한 프락치인가' 속으로 생각했다. 바짝 경계하며 김 변호사가 묻는 말에 국정원에 진술한 대로 말했다. 그렇게 몇 번 질문과 대답이 오갔다.

"보위사령관 이름이 뭔가요?"

"…… 모릅니다."

김 변호사가 다시 물었다.

"공작 임무를 받았다는 분이 사령관 이름도 모릅니까?"

홍 씨가 우물쭈물하자 김 변호사가 "민변을 아느냐"라고 물었다. 홍 씨는 "국정원에서 들어서 알고 있다"라고 했다. 김 변호사는 "우리는 돈을 바라고 하는 일이 아니니 그저 솔직하게 말해달라"라고 했다. 왈칵 눈물을 쏟아져 나왔다. 어느새 얼굴이 눈물 콧물 범벅이 되었다.

2014년 3월 27일 오후, 민변이 기자 회견을 열었다. '서울시 공무원 간첩 사건'의 증거 조작 사실이 밝혀지며 세간이 시끌시끌하던 때였다. 이런 상황에서 민변은 또다시 국정원의 간첩 조작 의혹을 제기했다. 온 나라가 다시 발칵 뒤집혔다. 기자 회견에서 민변 변호사들은 기소된 피고인을 검찰이 검찰청으로 불러 변호인 접견을 방해하고 있다는 주장을 하기도 했다.

그날 오전, 김진형 변호사는 홍 씨에게 오후에는 민변의 다른 변호사가 찾아올 거라고 말하며 그전까지는 누구도 만나지 말라고 했다.

그때까지도 홍 씨는 자신에게 법적으로 어떤 권리가 있는지 잘 이해하지 못한 상태였다. 점심에 검사로부터 호출이 왔다. '북한은 변호사보다 검사가 세니까……' 망설이던 홍 씨는 검사 방으로 올라갔다.

검사 방에 가보니, 오전에 만난 김 변호사가 먼저 와 있었다. 김 변호사가 검사에게 따져 물었다.

"공소 제기 이후에 왜 피고인을 부르는 겁니까? 저희가 홍강철 씨 변호를 맡기로 해 오후에 접견할 예정이었습니다."

뒤이어 민변 장경욱 변호사가 도착해 다른 방으로 홍 씨를 데려갔다. 장 변호사는 홍 씨를 타일렀다.

"공소 제기가 된 상태니 검사가 홍강철 씨를 부를 권한이 없습니다. 이제 검사가 부르면 가지 않겠다고 하세요."

그날 저녁, 검사는 구치소 교도관들을 통해 홍 씨를 또 불러냈다. 거절하자 이번에는 검사가 직접 구치소에 오겠다며 만나자고 했다. 다음 날 아침 또 호출이 왔다. "변호사님이 이제 검사가 날 소환할 권리가 없다고 했다"라고 하니, 교도관들이 아니라며 "꼭 가야 한다"라고 했다. 가지 않을 경우 불출석 사유서를 써야 한다고도 했다. 어떻게 쓰는지 모른다고 하니 교도관들은 불러주는 대로 쓰라고 했다.

'상기 본인은 변호인으로부터 변호인의 접견 전까지는 누구도 만나지 말라는 조언을 듣고 금일 출정을 불출석하게 되었습니다. 차후 검사 조사에 성실히 임하겠습니다.'

검사의 호출은 계속되었다. 화가 난 홍 씨는 직접 검사를 찾아갔다.

"사실 저는 지금까지 한 진술들을 계속 뒤집고 싶었습니다. 국정원은 분명히 언론에 제 이야기를 안 내겠다고 했는데 그렇지 않았습니다. 국정원이 저한테 집도 주고 가족들도 데려와주겠다고 한 게 지켜지지 못할 약속이라 진술을 뒤집으려고 했는데, 국선 변호사를 만나지 못해서 의견서와 반성문을 쓴 것입니다."

그러자 검사는 "그럼, 재판정에서 봅시다"라고 말했다.

무죄 선고, 그러나 끊임없이 나를 좇는 시선

"피고인이 합신센터 조사관들 또는 국정원 수사관들에게 한 자백 진술이 '특히 신빙할 수 있는 상태'하에서 행하여졌다는 점이 확실히 증명되었다고 보기 어렵다. 따라서 피고인의 자백진술을 내용으로 한 이 부분의 각 진술은 증거능력이 없다."

"피고인에 대한 이 사건 공소사실은 범죄사실의 증명이 없는 경우에 해당하므로 형사소송법 제325조 후단에 의하여 무죄를 선고한다."

2014년 9월, 1심 재판부는 홍 씨의 손을 들어주었다. 검찰 측이 제시한 증거는 홍 씨의 자백이 유일했다. 그런데 이 자백은 변호인의 조력이 없는, 심리적 불안감과 위축 속에서 작성한 것이라 증거로서 효력을 갖지 못한다는 게 재판부의 판단이었다.

'간첩 무죄.' 너무도 기다려왔던 순간이었다. 한국에 들어온 지 1년

하고도 1개월 만에 홍 씨는 지긋지긋했던 누명을 벗었다.

무죄 선고와 동시에 오랜 구치소 생활도 끝났다. 구치소에 있는 짐은 그대로 둔 채, 변호사들과 함께 법원을 나섰다. 자유의 몸이 되었다.

"고마웠어요. 나는 간첩이 아니니까 당연한 판결이긴 한데 그렇게 되기 쉽지 않잖아요. 1심 재판부도 큰 결심해주셨고, 변호사님들에게 특히 고맙고. 한국에 편향적인 사고를 가진 사람들만 있는 게 아니라는 것, 그래도 진실을 밝히자는 생각을 하는 분들이 많다는 것만으로 따뜻함을 느꼈어요."

2014년 11월, 홍 씨는 주민등록증도 발급받았다. 드디어 남한 사회의 일원으로 인정받은 셈이었다. 보통은 신청만 하면 되지만, 홍 씨에게는 자신의 이름이 새겨진 주민등록증 하나 받는 것조차 쉽지 않은 일이었다. 무죄 선고를 받고 석방되었지만, 그는 한동안 탈북민으로 인정받지 못했다. 통일부가 홍 씨의 재판이 모두 끝날 때까지 보호 여부 결정을 보류한 것이다. '보호 결정 보류'는 처음 있는 일이었다. 결국 홍 씨는 정부 보호를 받는 다른 탈북자들과 달리, 재판이 무죄로 끝날 때까지 집도 받지 못하고 정착 지원금도 받지 못하는 신세가 되었다.

남한 땅에 아는 이 하나 없는 홍 씨는 변호사들과 종교 단체의 도움을 받아 근근이 생활을 유지해야 했다. 변호사들은 홍 씨에 대한 가족관계등록 창설을 허가하고, 북한이탈주민보호법에 따른 보호 결정을 서둘러달라고 국정원과 통일부에 요청하는 기자 회견을 열기도 했다.

자유의 몸이 되었지만, 홍 씨는 남들처럼 온전한 자유를 누리지 못하고, 늘 누군가로부터 감시를 받는 듯한 느낌에 시달려야 했다.

"제가 밤에 동네 편의점에서 자주 술을 마시거든요. 그런데 저랑 같이 마시던 사람들이 그러더라고요. 누가 저를 계속 쳐다본다고요. 저번에는 전철을 탔다가 잘못 탄 줄 알아서 후다닥 내렸는데, 어떤 여자도 같이 내리더라고요. 종점이라 문이 오래 열려 있었는데 갑자기 제가 내리니까 같이 뛰어내린 게 이상해서 '날 미행하느냐'고 물어보니 말도 없이 그냥 쌩 하고 가더라고요. 오해일 순 있는데 찜찜했어요. 그래도 신경 쓰지 않아요. 난 간첩이 아니니까요. 따라다니다 힘들면 그만두겠지요. 같이 입국한 탈북자 친구들도 웃어요. 내가 간첩이면 자기들도 간첩이라고요."

검찰은 1심 결과에 불복하고 항소를 했다. 항소심 진행 중에 홍 씨는 생일을 맞았다. 생일 바로 다음 날이 공판이 열리던 날이라, 공판이 끝나고 변호사들과 늦은 생일 파티를 했다. 케이크 촛불을 끄는 홍 씨 눈에 그렁그렁 눈물이 맺혔다.

"국정원에서 조사받을 땐 '한국에 왜 왔지' 하고 후회를 많이 했어요. 그냥 그 땅(북한)에서 죽을 걸. 그러면 적어도 내가 자라던 땅에는 묻힐 텐데. 여기서는 내가 죽어도 아무도 모를 거라고 생각하니 정말 억울했거든요. 그래서 어찌 됐든 살아야 하니까 허위 자백도 하게 된 거죠. 내가 선택한 길이니까 이제 후회는 하지 않을 건데, 정말이지 저는 남한에 와서 이런 고초를 겪게 될 줄은 꿈에도 생각 못했어요. 북한에 있었을 땐 워낙 계급 문제 때문에 사회에 대한 원망이 많아서 남한 자본주의에 대한 환상이 있었거든요. 그랬던 제가 간첩으로 몰리다니…….
저 같은 사건이 생기는 건, 결국 분단이 만들어낸 비극이라고 봐요. 반
세기 넘게 남북이 떨어져 지내면서 서로 편향적 사고를 갖게 되었고,
또 이런 상황을 이용해서 특정 세력이 자기 주장이 옳다는 걸 입증하고
자기 지위를 유지하려고 간첩 사건 같은 걸 만들어내서 힘없는 사람을
피해자로 만들고. 저는 이런 사회 풍조가 가슴이 아파요. 사건들이 제
기되면 우선 의심해봐야 한다고 생각합니다. 제 사건이든 다른 비슷한
사건이든 국민들과 사법부 판사님들께서 부디 합리적인 의심을 가지
고 바라봐주셨으면 좋겠어요."

홍강철 씨는 2016년 2월 19일 항소심에서도 무죄 판결을 받았다. 1
심 재판부는 검찰이 제출한 핵심 증거들의 증거능력을 인정하지 않았
고, 2심 재판부는 검찰이 강철 씨에게 씌운 혐의 자체를 부정하는 취지
의 판결을 내렸다. 그러나 검찰은 즉각 상고했고, 이에 강철 씨는 대법
원 판결을 기다리는 중이다. 최근에는 중국에 체류하던 어머님이 한국
에 들어와 함께 생활하며 남한 정착을 위한 직업 교육을 받고 있다.

2부
조작 간첩으로 살기

1

증명서 '날조',
유우성 사건과 똑같았어요

재일교포 간첩 사건 피해자, 이종수 씨

　　최근 간첩 사건에 쉽게 활용되는 집단이 탈북자들이라면, 1990년대 이전까지 조작 간첩 타깃 제1호는 재일교포들이었다. 유우성 씨 사건에서 중국 공안국 출입경 기록이 위조된 것처럼, 과거에는 일본 영사관이 발급한 영사증명서가 숱하게 뜯어고쳐졌다.

　　재일교포 이종수 씨는 30년 전 가짜 영사증명서의 희생양이었다. 그는 지금도 똑같은 수법으로 가짜 간첩을 만들어내는 공안 당국을 보며 혀를 찼다. 유우성 사건이 한창 진행 중이던 지난 2014년 3월, 잠깐 한국을 방문한 이종수 씨를 만나 30년 전 이야기를 나누었다.

깨져버린 일상

1981년, 청년은 현해탄을 건넜다. 고국의 언어를 배우기 위해서였다. '남의 땅'에서 자라 정체성 혼란을 겪었던 그는 동포 아이들에게 작은 도움을 주고 싶었다. 그래서 민족학교의 한국어 교사가 되기로 결심했다. 고려대학교 국어국문학과에 입학한 그는 여느 대학생과 같았다.

그러나 평범했던 그의 일상은 어느 날 집 앞에 나타난 사내들의 등장과 함께 산산이 깨졌다.

"학생들 데모가 아주 심할 때였어요. 제 대학 친구가 데모하느라 언어맞고 다녀서 제 하숙집에 숨겨주곤 했지요. 어느 날 집 앞에 검은 양복을 입은 남자 두 명이 찾아왔어요. '친구에 대해 물어볼 게 있다. 두 시간만 협조해달라'라고 하더군요."

별 의심 없이 따라간 곳은 '고문실'로 악명 높은 국군 보안사 서빙고 대공분실이었다.

"차로 이동할 때 그 남자들이 제 머리를 눌러서 숨기더라고요. 창밖으로 제 모습이 보이지 않게 하려는 거였어요. 뭔가 이상하게 흘러간다는 걸 그때야 알았지요."

데모로 붙잡힌 친구에 대해 물어본다던 그들은 친구가 아닌 이 씨에 대한 질문을 퍼부었다. "북한에 다녀왔느냐", "북한에 다녀온 사람과 친하게 지냈느냐"는 식의 질문이었다. 그는 "아니다", "그런 적 없다"라고 답했다. 그러자 이번에는 그가 일본에 있을 때 친하게 지낸 사람이

피해자 이종수 씨. © 최형락

누군지 물었다. 그는 먼 친척인 '조신부' 씨의 이름을 댔다. 잘못한 게
없으니 사실대로 이야기해도 큰 문제가 없으리라고 생각했다. 이 대답
이 조작극의 단초가 될 줄은 꿈에도 몰랐다.

한참 뒤 수사관들은 조 씨가 재일본조선인총연합회(이하 조총련)계
사장이 있는 '나카야마中山' 회사에 다니는 것을 지적하며 "조신부가 너
를 대남공작원으로 포섭한 것 아니냐"라고 몰아붙였다. 조 씨가 다니
는 회사명은 '나카야마'가 아닌 '다카야마高山'였다. 사실이 아니라고
아무리 설명해도 소용없었다. 오히려 그럴 때마다 돌아오는 것은 갖은
고문이었다.

고문 받은 기억을 떠올리자면 한숨부터 나온다. 뺨 맞기, 물고문, 전
기 고문, 다리 사이에 몽둥이 끼우고 밟기, 그리고 '통닭구이'까지. 영
화 〈변호인〉에 나온 그대로였다. 수사관들이 얼굴에 주전자로 물을 붓
고 "북한 갔다 왔지"라고 묻는다. 아니라고 하면 물 붓기를 네다섯 차
례 반복한다. 그러다 기절하면 수사관들이 허위 진술서에 지장을 찍는

다. 정신이 들면 다시 수사관이 읊는 대로 자신이 북한에 갔다 왔다는 '소설'을 달달 외웠다. 영장 한 번 본 적 없이 그렇게 39일간 불법 구금되었다.

저항은 애초에 불가능했다. 검찰 조사에서도 마찬가지였다. 수사관은 수시로 "조사 서류를 사형을 받도록 바꿀 것"이라며 협박했고, 검사는 수사관의 협박을 묵인하고 방조했다.

"검사실에서 저와 검사가 마주 보고 앉았고, 옆에는 보안사 직원이 앉았어요. 제가 마지막에 용기를 내서 '여태껏 한 말이 다 거짓말'이라고 했더니, 옆에 앉아 있던 보안사 직원이 저를 바로 보안사로 데려갔어요. '죽을래', '귀찮게 하지 말라'면서요. 그리고 제가 '아니'라고 말을 하자마자 검사는 그냥 나가버렸고요."

이때 자리를 박차고 나간 검사는 영화 〈변호인〉에 소개된 '부림 사건'의 담당 검사, 최병국 전 새누리당 의원이었다.

완전 조작된 영사증명서

1983년 서울형사지방법원은 그에게 징역 10년, 자격정지 10년형을 내렸다. 그러나 이듬해 대법원에서 "조신부의 반국가단체 구성원 여부가 확실치 않다"라며 파기환송했다. 이 씨의 자백 외에는 직접적인 증거가 없다는 것이었다. 그러자 곧 이어진 파기환송심에서 검찰은 새 증거 문서를 제출했다. 바로 영사증명서였다.

"보안사 쪽에서 먼저 발급을 요청한 건데, 처음엔 '반국가단체나 조총련계와 관계가 있다는 증거를 찾을 수 없다'는 식으로 답변이 왔어요. 그런데 정작 파기환송심에 제출된 영사증명서에서는 그런 내용이 다 빠져 있었어요. 대신 '조신부가 조총련계 회사에 근무했고, 북괴를 찬양하는 활동을 한 적이 있다'는 식으로 써 있더라고요. 그런데 이런 내용을 누구에게 확인했는지에 대해선 일체 언급이 없어요. 완전히 거짓말을 지어낸 거죠."

이 씨에게 유리한 증거는 누락되었고, 도리어 그 증거가 조작되었다. 그러나 당시만 해도 영사증명서는 법정에서 의심할 수 없는 증거로서 효력을 인정받았다. 서울시 공무원 간첩 조작 사건과 판박이인 셈이었다.

"일본 오사카에 총영사관이 있는데 영사가 한 명이고, 부영사는 과거에 20명 정도 있었어요. 그 많은 사람들이 무슨 일을 할까 의심스러운데, 아마 그중 대부분은 기관에서 나온 사람일 겁니다."

재판장에 나온 증인들도 생면부지의 사람들이었다.

"저에 대해 안다면서, 제가 간첩이라고 주장하는데 저는 그 사람들을 재판할 때 처음 봤거든요. 그런데 어떻게 저에 대해서 말할 수가 있나요? 나중에 들으니 조총련계에서 전향해서 한국 기관에 협조자가 된 사람들이라더군요."

결국 이 씨는 파기환송심에서 다시 징역 10년형을 선고받았고, 5년

8개월간 복역했다. 1988년, 서울올림픽이라는 대형 국가 이벤트 덕분에 특별 가석방 자격을 얻었다. 자유의 몸이 되었지만, '간첩'이라는 낙인이 그의 앞길을 막았다.

"결혼할 때도 취업할 때도 이력서가 필요한데, 꼭 6년이라는 세월이 빠져요. 그걸 설명하기가 난처해요. 끝까지 숨길 수도 있지만 저는 솔직히 다 말했어요. 어쨌든 내가 겪은 일이니까요. 물론 불이익이 따를 수밖에 없지요. 한 번은 선을 본 적이 있어요. 나도 상대도 마음이 통했다고 생각했는데 간첩 전력 때문에 모두 없던 이야기가 되었지요."

몸도 망가졌다. 그는 보청기 없이는 인터뷰와 같은 긴 대화를 하기가 힘들다. 모진 고문이 남긴 후유증 탓이다. 그러나 청력에 생긴 문제가 고문 때문이라는 인과관계를 입증하기는 어렵다.

"수사관들은 절대 세게 때리지 않아요. 조금씩, 티가 나지 않을 정도로만 해요. 쇠망치로 관자놀이 부근을 툭툭 쳐요. 그러면 시신경이 끊어진대요. 그렇게 해서 시력이 점점 나빠지는 사람들이 많아요. 하지만 고문 후유증이라는 걸 증명할 수가 없어요. 매달 진단서를 끊을 수도 없는 노릇이니까요. 저는 군화로 하도 맞아서 허리가 아팠어요. 그런데 계속 징역을 살아야 해서 그대로 놔뒀더니 부러진 채로 뼈가 굳었더라고요. 그걸 일본에서 정밀검사를 하면서 알게 됐어요. 그때 사진을 찍어뒀는데, 너무 오래돼서 이젠 없으니 증명할 길이 없지요."

공포. 고국 대한민국에 대해 이 씨가 갖는 감정은 그리움이 아닌 두려움과 공포다. 이 씨처럼 간첩으로 몰려 억울하게 옥살이한 재일교포

2부. 조작 간첩으로 살기

들은 한국 이야기만 하면 치를 떤다. 공포는 그들에게 씌워진 억울한 누명을 벗고자 하는 의지마저 꺾었다. 이 씨는 '진실·화해를 위한 과거사 정리위원회'(이하 진실화해위)가 과거사 진상 규명을 한다는 소식을 일본에서 우연히 전해 듣고, 교포들에게 같이 참여하자고 제안했다. 하지만 선뜻 나서는 이는 거의 없었다.

"몇 명이 같이 가기로 해서 비행기 표까지 다 끊어놨는데, 한국 가기 바로 전날 전화가 왔어요. 자기는 겁이 나서 못하겠다면서 포기하겠다고요. 아무리 설득을 해도 안 먹히더라고요. 다시 한국 땅을 밟는다는 게 굉장한 용기가 필요한 일이 되어버린 거죠."

그때 비행기를 탄 사람은 이 씨를 포함해 단 두 명이었다. 학교 선생님인 이 씨는 방학 때마다 한국을 찾았다. 진실화해위에서 매일 12시간씩 조사를 받았다. '꼭 무죄를 받아내리라' 결심하고 어렵사리 걸음을 내딛었지만, 사실 무죄 판결을 받으리라고는 크게 기대하지 않았다. 그러나 송 씨 일가 간첩 사건, 제주 강희철 씨 사건[12] 등 굵직한 국내 간첩 사건이 모두 재심에서 무죄 판결이 나면서 서서히 희망이 보이기 시작했다. 그리고 드디어 2010년 7월 15일, 이 씨는 무려 26년 만에 법정에서 '무죄'를 인정받았다. 간첩 누명을 썼던 재일교포 가운데 처음이었다. 감격의 순간, 주변 사람들은 모두 눈물을 흘렸다. 그러나 그는 울지 않았다.

"판사 입에서 '무죄'라는 말이 나온 순간, 안심이 됐어요. 하지만 동시에 착잡한 생각도 들었지요. 나는 이렇게 무죄를 받았는데, 나와 비슷한 처지의 다른 재일교포들을 어떻게 설득하면 좋을까 고민됐지요."

30년 전이나 지금이나
똑같은 '간첩 기획극'

　재일교포 중 간첩 사건에 연루된 이들은 100명이 훌쩍 넘는다. 그중 무죄 확정 판결을 받은 이들은 이 씨를 포함해 10명 남짓이다. 2014년 3월 기준 30건 넘는 사건에 대한 재심 재판이 진행 중이다. 이 씨는 이 제 이웃의 누명을 벗기기 위해 열심이다. 이번에도 다른 재일교포의 재판을 방청하기 위해 비행기를 탔다. 한국에 와서 그는 서울시 공무원 간첩 조작 사건을 접했다.

　"TV에서 유우성 씨 사건 보도를 봤는데 '아, 아직도 그러는구나' 싶더라고요. 흔히 있을 수 있는 일이지요. 제가 당사자였으니까요."

　'이종수 사건'과 '유우성 사건'은 거의 30년의 격차를 두고 일어난 일이다. 그렇지만 허위 자백 받아내기, 영사증명서 조작 등 정보기관의 '간첩 기획극' 패턴은 똑같았다.

　"자동차도 보면, 겉모양은 조금 세련되어 보일지 몰라도 실제 내부구조는 별반 다르지 않거든요. 간첩 사건도 똑같아요. 보기에만 조금 세련되어졌을 뿐이에요. 골격이나 시스템은 30년 전이나 똑같아요. 보안사에서 안기부(국정원)로 바뀌었고, 이번엔 영사증명서에 중국 도장

하나가 더 추가되었을 뿐이죠."

그러나 그는 서울시 공무원 간첩 사건이 '조작'이라는 사실이 언론 보도 등을 통해 밝혀지고 있는 것에 놀라워했다.

"21세기에 간첩 사건이 벌어지고 있다 해도 전 그러려니 해요. 하지만 사건의 전말이, 그것도 재판 중에 드러났다는 건 정말 대단한 일이죠. 예전엔 다 묻혀버렸으니까요. 30년 만에 밝혀진 것들이, 지금은 3개월 만에 드러나고 있어요. 언론의 역할이 컸다고 봐요. 그런 점에서 유우성 씨는 굉장히 운이 좋은 사람이라는 생각이 듭니다. 많은 사람들의 노력 덕택에 한국 사회가 조금이나마 민주적으로 바뀌고 있는 것 같아 다행입니다."

2

연좌제 무서워 묻어둔 진실,
왜 진작에 묻지 않았을까요

40년 만에 누명 벗은 고 김인봉 씨, 고 장재성 씨

죽은 자는 말이 없다. 무덤에 계신 아버지는 말이 없다. 살아서도 원체 말이 없으셨다. 거의 전신이 마비된 자식의 대소변을 받아내느라 10년을 옆에 꼭 붙어 계실 때에도 아무 말이 없으셨다. 아들도 묻지 않았다. 그렇게 아버지는 간첩 누명을 쓰고 당한 일을 무덤까지 가지고 가셨다. '북괴 간첩'보다도 더 무서운 것이 '연좌제'였다.

아들은 아버지가 고문 후유증으로 돌아가셨을 수도 있다는 이야기를 듣고서야 아버지의 과거를 더듬어보기로 했다.

"지금 와서 두고두고 한이 될 줄 알았더라면 그때 왜 묻지 않았을까요. 아버지 혼자서 얼마나 고통스러우셨을까요."

1969년 일본에서 조총련계 사촌 형을 만났다가 간첩 혐의가 인정돼 6년간 옥고를 치른 고故 김인봉 씨, 그리고 이 사건에 함께 연루된 고故

124 　　　　　　　　　　　　　　　　　　　　　　2부. 조작 간첩으로 살기

장재성 씨 두 망자의 이야기를 전한다.*

육지 한 번 아니 댕기고 산 사람인데
무슨 간첩 할 일이 잇수카

제주도 애월읍 곽지과물해변 인근의 어느 작은 마을. 허리가 굽은 노인은 땀에 전 웃통을 훌훌 벗고 찬물을 끼얹었다. 일평생을 밭만 일구던 아낙네였다. 인터뷰 직전까지도 온종일 밭을 매다 집에 왔다. 논밭이 척박하기 그지없는 제주 땅에서 용케도 밭일로 5남매를 먹여 살렸다.

남편 김인봉 씨는 타고난 한량 체질이었다. 6남매 중 막내였다. 마작 같은 놀이에만 소질이 있었지 집안일에는 영 재주가 없었다. 그런데도 자식을 다섯을 뒀다. 농사는 짓기 싫은데 키워야 할 아이는 많으니 살길이 막막했다. 김 씨는 일본에 가고 싶어 했다.

"일본 가야지, 여기는 너무 어렵광, 이렇게 날마다 노래를 불렀네요. 일본에 돈 잘 버는 형님이 있으니 일본에 가도 되지 않수깡 했어요."

둘째 형님인 김인수 씨가 일본에서 플라스틱 원료 사업에 성공해 자

● 이하 인터뷰는 2016년 8월 3일에 진행되었다.

리 잡고 사는데다, 본인도 도쿄에서 유명한 도시바상업학교에서 2년 정도 유학한 적이 있었다. 일본에 가면 뭐든 해볼 거리가 있다고 판단했다. 그래서였는지 그는 일본에 있는 형님과 석 달에 한 번꼴로 꾸준히 연락을 주고받았다. 일본에 가고 싶다는 마음을 내비쳐도 형님은 그에게 '부모님을 모시고 잘 지내고 있으면 나중에 농사지을 땅을 사주겠다'고 타일렀다.

1969년 3월 어느 날, 집에 말도 하지 않고 그는 밀항을 했다. 혼자 마산항에 가 일본행 대동호에 올라탔다. 기관실 빗물 탱크에 숨어 지냈다. 그렇게 일주일을 버티다 도착한 곳은 일본 오사카항. 밀항은 실패로 돌아갔다. 돈을 벌기 위해 일본으로 밀항하는 이들이 많아 단속이 심하던 때였다. 항구에 도착하자마자 바로 은신한 사실이 발각되었다. 오사카 수상경찰에 의해 기소돼 곧바로 재판에 회부되었다. 결국 오사카 지방재판소에서 징역 1년, 집행유예 3년 처분을 받았다.

집행유예로 풀려나면서, 2주간 일본에 자유롭게 체류할 수 있게 되었다. 곧장 사이타마 현 우라와 시에 있는 형님 김인수 씨의 자택으로 갔다. 그곳에서 이틀 머문 뒤 형님이 준 현금 2만 원과 옷이 든 트렁크 가방을 들고 다시 부산행 비행기에 올랐다.

초등학교 6학년이었던 아들 김성완(60) 씨는 당시 아버지의 행방을 몰랐다고 했다.

"다녀오신 뒤에도 별 말씀이 없으셨어요. 그냥 일본에 가려다 다시 돌아왔나 보다 정도로만 알았지요. 정확한 행방은 나중에 아버지 공소

고 김인봉 씨 가족. 아들 김성완 씨와 부인 송찬선 씨. © 서어리

장을 보고서야 알았습니다."

제주로 돌아온 그는 9월, 일본에 있는 형님에게 잘 도착했다는 내용의 편지를 보냈다.

형사들이 들이닥친 것은 그로부터 약 1년 뒤인 1970년 8월 25일, 부부가 함께 집 근처에서 밭일을 하고 있을 때였다.

"딱 지금처럼 더울 때라. 얼굴을 하나도 모르는 남자들이 와서 '물어볼 말이 있습니다' 하더니 애 아빠를 데리고 가는데, 그것이 어디로 데려가나, 뭣 허러 데려가는가 그것도 모르겠고, 말려주는 사람이 잇수카. 주변에 사람도 없고, 나만 이게 무슨 일인가 하고 넋 놓고 봤네요."

세상일 하나 모르는 농사꾼의 감으로도 예삿일은 아닐 거라는 생각이 들었다. 친척이나 지인에게 남편의 행방을 수소문해달라 부탁할 수도 없었다. 사라진 남편을 찾아야겠다는 생각보다 당장 먹고살 걱정이 앞섰다.

"야(김성완 씨)는 중학교 다니고, 막내는 초등학교 1학년인데 인제 이 아이들 뒷바라지를 어떻게 한다, 아이고 나 혼자는 힘들어서 매일 울고 정신이 없었지요. 모든 것이 마음이 좋아야 일도 많이 하게 되고 능력이 오르는데, 그냥 너무 답답한 거라. 어디를 갔는고. 왜 안 오는고. 나는 아무 내용도 모르니 밭일을 하다가도 가슴이 답답해 일을 할 수가 있어야지. 야들 아버지가 소로 밭을 갈아야 하는데 그걸 못하니 나 혼자서 밭일을 어떻게 다 한데요. 그렇게 매일 울기나 하고. 아이들이 영양실조 걸려 죽나 했는데 죽지도 않여. 아침 맥이면 저녁 걱정, 저녁 맥이면 또 아침 걱정, 맥이지도 못하고 입히지도 못하고……. 그때 생각하면 너무 답답하고 힘들어서 생각하기가 싫어."

머칠이 지나도 아이들 아버지가 돌아오지 않자 주변에서는 수상쩍게 생각했다.

"벌써 소문이 나데요. 성완이 아버지가 간첩이라고. 그런디 야네 아버지는 땅도 잘 팔 줄 모르는 어른인디 아무것도 모르는 사람이 어떻게 간첩이 된데요. 그런 사람을랑 간첩이라 하는고. 억울하고 분하고 남의 말을 어찌 그리 쉽게 한데요."

성완 씨를 비롯한 자녀들은 오래도록 아버지의 부재에 대해서 아무런 설명을 듣지 못했다.

"처음에는 어머니가 모르겠다고만 했어요. 제가 그때 중학교 1학년 때였는데 그 나이면 대충 눈치로는 알잖아요. 처음엔 전혀 무슨 상황인지를 모르다가 집안 어르신들 눈치를 보고 알아챘어요. 어떤 어르신은 '알고만 있어'라며 아마 간첩죄로 경찰에 잡혀간 것 같다는 이야기를 슬쩍 흘리시기도 했고요."

남겨진 가족은 그렇게 6년을 '울명불명' 지냈다. 아내 송찬선 씨가 남편 김인봉 씨를 만난 것은 밭일을 하다 별안간 생이별한 지 두 계절

2부. 조작 간첩으로 살기

이 지난, 그해 겨울이었다. 제주 시내에 사는 고모님이 공직에 있는 딸들을 통해 어렵게 김 씨의 행방을 알아냈다. 서울에 있다는 연락을 받고 고모님과 함께 급하게 서울로 떠났다. 도착한 곳은 서울구치소(옛 서대문형무소)였다.

"야네 아버지 얼굴을 처음 보는데, 얼굴이 살찐 것마냥 퉁퉁 부어 있더라고요. 몰라보겠더라고요. 뭣 때문인지는 모르겠는데 뭔가 병이 있는 건지, 아마 취조도 받고 먹지도 못해서 그랬던 것 같더라고요."

두 번째 면회는 대전에서였다. 첫 면회 때 퉁퉁 부어 있던 것과 달리 이번에는 예전 모습을 되찾은 얼굴이었다.

"그때 보니까 다행히 사람같이 생겼더라고요. 별 이야기는 안 했어요. 잘 있어라, 우리는 잘 있다. 이렇게만 말하고 왔네요."

아버지 김인봉 씨가 수감된 사이, 집안에서 그에 대한 이야기는 일체 금기시되었다. 초등학교, 중학교에 다니면서 간첩죄가 얼마나 나쁜 건지 수시로 교육받았다. 여기저기 떠벌리고 다녔다간 가족 모두가 화를 입을 수 있다는 것을 누가 알려주지 않아도 알 수 있었다. 성완 씨는 아버지의 안부를 묻지도 궁금해하지도 않았다.

아버지는 그렇게 되셨지만, 그래도 성완 씨 본인만 잘하면 생활하는 데 별 문제는 없으리라 생각했다. 활달한 성완 씨는 중학교 학생회장 선거에 나가기로 했다. 시골 학교였지만 도시 어느 학교 못지않게 선거 운동도 했다. 선거를 며칠 앞둔 어느 날, 선생님들이 성완 씨를 조용히 불렀다.

"성완아, 학생회장 다른 친구에게 양보하면 안 되겠니?"

선생님 한 분은 먼 친척 되시는 분이었고, 또 한 분은 성완 씨를 예뻐하던 분이었다.

"제가 공부를 아주 잘했던 건 아니었거든요. 그래서 저보다 더 공부도 잘하고 리더십 있는 친구가 있는데 그 친구를 염두에 두고 하시는 말씀인 줄 알았어요. 그래서 그 친구라면 양보하겠다고 했어요."

성완 씨가 학생회장을 양보하겠다고 한 그 친구는 선거 전날 입후보했고, 선거 운동을 따로 하지 않고도 다른 후보와 큰 표 차로 당선되었다. 평소에도 워낙 친한 친구였던 터라 함께 학생회 일을 했다.

"선생님들이 저한테 선거에 나가지 말라고 이야기한 게 아버지 영향 때문이라고는 전혀 생각하지 못했어요. 그냥 워낙 저보다 모든 면에서 나은 친구가 있으니 그 친구가 학생회장을 하는 게 맞다고 저는 그렇게 납득했던 거지요."

성완 씨의 착각이었다. 고등학교에서도 똑같은 일이 벌어졌다. 선생님들이 학생회장 선거에 나가겠다는 성완 씨를 만류했다. 이번엔 싫다고 했다. 그랬더니 선거 날짜가 차일피일 뒤로 밀려났다. 학교에서는 학생회장을 학생들의 투표 없이 임명해버렸다. 이런 불합리한 상황이 모두 '간첩 아들'이라는 낙인 때문이란 것을 안 성완 씨는 방황의 길로 접어들었다.

"삐딱해진 거죠. 내가 열심히 해도 안 되는구나 생각하니 공부가 되겠어요? 그때가 고3 때였는데 공부도 놓고 학교에서도 반항하면서 선

2부. 조작 간첩으로 살기

생님들한테 소위 말해 찍히기도 했습니다."

아버지를 원망하고 방황하는 시간은 그리 길지 않았다. 의문이 생겼다. '우리 아버지가 왜 간첩이 되었을까?'

"노는 걸 좋아하시긴 했지만 우리 형제들에게는 따뜻한 아버지셨습니다. 공부하라고 닦달하기보다는 형제들끼리 사이좋게 지내라는 이야기를 더 많이 하셨고요. 그리고 무엇보다 아버지는 어떻게 하면 돈을 많이 벌 수 있을까만 생각하던 분이었습니다. 우리 5남매도 키우고 부모님까지 모셔야 했으니까요. 여기선 농사 말고는 마땅히 할 게 없어 일본에 갔고, 다녀와서는 얌전히 농사만 지으셨는데 대체 간첩이 될 일이 뭐가 있을까 생각하게 됐습니다."

한 번도 듣지 못한,
아버지의 옥살이 이야기

7년형을 선고받은 아버지는 입소 6년 만인 1976년 8월 15일에 풀려났다. 성완 씨가 대학교 1학년생이었을 때였다.

"제가 유신 시대 때 대학을 다녔는데 그때 처음으로 입영훈련(집체훈련)이란 게 생겼습니다. 제가 다니던 제주대학의 학생들은 서귀포에서 훈련을 받았는데 거길 찾아오셨어요. 입영훈련 퇴소할 때가 되니 집에 가서 아버지를 뵙기가 무섭더라고요. 너무 오랜만이기도 해서⋯⋯. 저랑 보름 차이로 태어나 쌍둥이처럼 자란 사촌이 있는데, 그 애랑 시간 때우면서 마음을 진정시키고 집에 들어갔지요. 그런데 막상 집에 가선 무슨 말을 해야 할지를 몰라 뻘쭘하게 인사만 드렸던 기억이 납니다."

그로부터 3년 뒤인 1979년, 성완 씨는 불의의 사고로 척수를 다쳐 온몸이 마비된 중증 장애인이 되었다. 손가락만 겨우 까딱할 수 있는 정도였다. 누군가 하루 종일 옆에 있지 않으면 먹는 것은 물론이고 대소변도 처리할 수 없었다. 그때 성완 씨의 곁을 지켜준 이가 아버지 김인봉 씨였다.

"농사일이 바쁠 땐 아버지도 어머니랑 같이 밭에 나가시는데, 그렇지 않을 때는 계속 제 옆에 계셨죠. 물 가져다 달라 하면 물 가져다주시고, 때 되면 대소변 받아주시고, 그거 말곤 하루 종일 둘이 같은 방 안에 말없이 있었습니다."

성완 씨는 TV를 보거나 책을 읽었고, 아버지는 친구들을 불러 가끔 바둑을 놓거나 마작을 하기도 했다. 그렇게 10년을 넘게 지내는 동안 아버지는 자신이 옥고 치른 이야기를 한 번도 하지 않으셨다.

"가끔 한숨만 길게 내쉬셨죠. 과거에 어쨌다는 이야기는 안 하셨습니다. 출소하신 이후에도 여전히 집에서 아버지 이야기는 금기사항이었습니다."

어머니는 아버지가 감옥 이야기를 꺼내기가 무섭게 입을 막았다.

"자기가 거기서 뭐 했는지는 이야기 않고, 구치소에서 6년을 살았으니 별의별 사람을 다 보았다며, 어떤 죄인이 있었고 또 어떤 사람이 있

　　　　　　　　　　　　　2부. 조작 간첩으로 살기

고 김인봉 씨 가족사진.
ⓒ 서어리

었고 그런 이야기만 좀 했어요. 그럼 나는 '그짓말 하지 말아라. 무슨 벼슬이나 되는 양 죄인 이야기를 하냐'고 입 다물라고 했어요. 나는 그런 이야기는 하나도 듣기 싫고 머리만 아프고 생각도 하기 싫으니 하지 말라고 했어요."

척수를 다친 아들의 손발 노릇을 10년 넘게 하던 아버지는 척수암 진단을 받았다.

"제가 다친 부위가 경추였는데, 아버지도 거기에 가장 큰 암종이 있었습니다. 저처럼 거의 전신 마비 상태로 한 6개월 누워계셨습니다."

아버지를 진료한 의사는 "(고문) 후유증 같다"라고 했다. 뒤늦게야 아버지가 간첩죄로 잡혀가서 어떤 일을 당했는지 여쭤보고 싶었지만, 물을 기회가 없었다. 아버지는 몸져누운 지 6개월 만인 1993년, 세상과 작별했다.

"얼마나 억울했는지 돌아가실 때 눈도 못 감으셨습니다. 나중에 신부님이 오셔서 편히 눈을 감으시라고 하니 그때서야 눈을 감으시더라고요."

돌아가시고 나서야 후회가 밀려들었다.

"아버지랑 저랑 10년을 넘게 한 방에서 하루 종일 같이 있었는데, 왜 한 번을 안 물어봤을까요. 그때 말씀을 다 들었어야 했는데, 혼자서 얼마나 힘드셨을지……."

어머니도 아버지의 말문을 막은 것을 이제야 통탄하신다.

"에이그. 이럴 줄 알았으면 내가 듣기 싫어도 들어나 줄 걸, 내가 다섯 번만 들었으면 다 알 수가 있었을 것인디, 저가 고생한 걸 말 못하게 막았으니 얼마나 원망스러웠을꼬."

40년 만에 알게 된 아버지의 과거

성완 씨는 재심을 준비하면서, 그러니까 아버지가 끌려간 지 40년 만에야 드디어 아버지의 과거를 알게 되었다. 누가, 왜 잡아갔는지, 아버지는 끌려가서 어떤 일을 당했는지 등을……

"장재성이라는 분의 사건 재심 변론을 맡은 변호사분이 제주에 왔는데, 알고 보니 저희 아버지가 바로 그 사건의 공동피고인이었습니다."

공소장, 피의자와 참고인 진술서 등을 종합해보면 이 사건은 새로운 인물, 장재성 씨 이야기로부터 시작된다. 장재성 씨는 제주 출신의 고등학교 국어 교사였다. 교원 시험에서 전국 1등을 차지했을 만큼 제주 지역 수재로 꼽혔던 그는 1968년 3월 일본 파견 교사 자격시험에도 합격했다. 그해 4월 후쿠오카에 있는 한국교육문화센터 소장으로 발령이 났고, 장재성 씨 내외는 5월 일본에 도착했다.

당시 일본에는 그의 사촌 형 장수상 씨가 있었다. 출국 전 미리 하네다 공항에 도착한다는 소식을 알렸다. 장수상 씨는 그의 연락을 받고 아들과 자신의 이종사촌이자 김인봉 씨의 둘째 형이기도 한 김인수 씨와 함께 공항에 마중 나갔다. 그게 김인수 씨와 장재성 씨의 첫 만남이었다.

그로부터 10개월 뒤인 1969년 3월, 김인봉 씨가 밀항했다가 오사카 수상경찰에 체포되었다. 사촌이 경찰에 잡혀 있다는 사실을 알게 된 김인수 씨는 장재성 씨에게 '오사카 영사부에 협조적인 말을 해달라'고 부탁했다. 장재성 씨는 김인수 씨의 부탁대로, 구속 조사를 받고 있는 김인봉 씨를 만나 '왜 밀항이라는 어리석은 짓을 했느냐'며 꾸짖으면서 '오무라 수용소에 있다가 곧 귀국할 것'이라고 했다.

이후 장재성 씨는 그해 7월 재일교포 학생 600명을 이끌고 귀국 방문 프로그램 인솔자 자격으로 귀국했다가 입국 심사장에서 여권을 회수 당했다. 조총련계 사람과 만난 사실이 알려져 다시 일본으로 갈 수 없게 되었다는 것이었다. 장재성 씨는 아내인 좌월선 씨에게 편지를 보내 이 사실을 알리고, 다시 한국에서 교육 활동에 매진했다.

내무부 치안국 외사과 검거 기록에 따르면, 장재성 씨가 연행된 것은 김인봉 씨가 체포된 날보다 사흘 앞선 1970년 8월 22일 오전 8시경이었다. 그러나 구속영장이 발부되어 집행된 것은 24일 오후 5시 50분이었다. 구속영장 없이 이틀 넘게 불법 구금된 것이었다.

김인봉 씨의 경우도 마찬가지였다. 8월 25일 제주 경찰국 수사관에 의해 강제 연행된 김인봉 씨는 9월 4일 오후 5시 30분까지, 열흘간 불법 구금 상태에서 수사를 받았다. 김인봉 씨의 가족은 김인봉 씨가 수사 과정에서 어떻게 고문당했는지 알지 못한다. 한 번도 스스로 말한 적이 없었기 때문이다. 첫 면회 갔을 때 퉁퉁 부은 얼굴을 보고서 고문을 받았다는 걸 추측할 뿐이었다.

가족들은 과거 재판 관련 기록을 통해 가혹 행위에 대한 한 가지 단서를 찾을 수 있었다. 김인봉 씨는 1970년 당시 작성한 항소이유서에서 "후일 경찰에 체포된 이래, 밀항하여 형님과 만나 무슨 군사비밀을 형님에게 제공하였냐고 심문하고 고문하는 것을 참지 못하여 '한국에는 백만 대군을 자랑하는 대군을 보유하였고 미군이 철수할 계획이라 합디다'와 '서울에는 어느 선진국에 못지않은 고층 건물이 많이 섰다' 등을 허위 진술한 것을 가지고 국가 비밀 누설을 운운하고 있는 것입니다"라고 밝혔다.

김인봉 씨와 달리, 교육 활동 외에도 다양한 저술 활동을 했던 장재성 씨는 책이나 신문 기고 등을 통해 여러 번 고문 사실을 시사했다.

"내 인생의 저금통장엔 '회한'이란 잔고만이 덩그마니 남았다. (중략) 용서하자. 용서는 기적을 낳는다. '남영동 새벽 4시'를 용서하자. '일본

말 연설이 유창하고 제주도가 고향이라 국가사업에 최적임자'라고 나를 추커세우던 요원들을 용서하자. (중략) 금싸라기 시간들을 허공에 날려버린 어리석음을 뉘우치자. 벗을 길 없는 골병에 멍든 육신 그 올가미를 '종교'라는 이름으로 관용해보자."[13]

장재성 씨가 아내 좌월선 씨와 사별한 후 재혼한 이안자 씨는 '남영동 새벽 4시'의 의미를 진술서를 통해 밝혔다.

"전기 기구로 고문을 당했다는 것과 '그들이 전기를 사용해 양쪽 팔에……'라는 이야기를 하실 때, 저는 도중에 그 말을 막았습니다. 공포도 느끼고 너무나도 마음이 아프고 견디기 어렵기 때문입니다. 아침 일찍 일어나시는 분이었습니다. 이유는 새벽 4시, 매일 아침 고문을 받았기에 이 시간에 눈 뜨게 되었답니다. 그 시간마다 간첩이 되라고 하는 것을 거부하니까 목도로 맞았다고 말하셨습니다. 자주 후유증 때문에 몸이 좋지 않다고 하시고, 또 외출하실 때는 쓰러질 수도 있기에 이름과 연락처를 써넣은 표찰을 휴대하셨습니다.

장재성 씨 또한 고문 후유증을 앓은 것이다. 그의 제자 허만회 씨는 "2002년에서 2003년 사이에, 예전에 감옥에 갔을 때 고문을 당해서 아픈가, 요즘 허리 웅치가 아프다는 말씀을 하시면서, 한약을 복용하시기를 원하시기에 어혈 처방과 함께 한약을 두 번 조제해 드린 적이 있다"라고 진술하기도 했다.

김인봉 씨와 장재성 씨가 불법 구금된 상태에서 한 허위 진술은 결국 그들이 간첩이라는 판결을 내리는 데에 주요 증거가 되었다.

"피고인 김인봉은 약 12년간 50여 회에 걸쳐 조총련 간부인 형 김인수와 연락하면서 교양과 지령을 받고 임경순을 포섭하여 국가기밀을 탐지 수집해 일본에 밀항하고, 김인수에게 제보를 누설하는 등 조총련 간첩이며 골수 적색분자로서 마땅히 극형을 받아야 할 자이고……."

공소장을 통해 성완 씨가 확인한 아버지 김인봉 씨의 범죄 내용은 크게 두 가지였다. 하나는 '일본에서 집행유예로 풀려난 후 형 김인수 씨의 집에서 머무는 동안, 조총련의 활동을 자진 지원할 목적으로 이남에서 계속 군인을 징집하고 있다, 고속도로는 일본 기술자 등이 기술을 제공해 건설하고 있다, 미군이 현재 철수하고 있으나 아직도 많이 주둔하고 있다는 등 국가 기밀을 조총련계 간부인 그의 형에게 제보했다'는 것이었고, 다른 하나는 '형으로부터 머지않아 북한에 의해 남북통일이 된다, 북조선은 일본보다 공업이 발달했다 등의 교양과 지령을 받고 금품을 수수하는 한편 반국가단체의 지령을 받아 잠입했다'는 것이었다.

장재성 씨의 혐의는 '반국가단체 구성원으로부터 북괴의 허위 선전을 들었으며', '반국가단체 구성원인 김인수로부터 김인봉을 면회해, 김인봉에게 공작 지령을 주어 귀국 침투시키는 김인수의 활동에 편의를 제공했다'는 것이었다.

성완 씨는 혀를 찼다.

"집 뒤에 있는 땅 사라고 준 돈일 텐데 그게 공작금이 돼버린 거예요."

수사관들은 김인봉 씨와 그의 형 김인수 씨가 주고받은 편지를 증거로 내세웠지만, 성완 씨 어머니가 보기에 그 편지 내용은 하잘것없는 것들이었다.

"방을 뒤져서 편지를 보더니 간첩 증거를 찾았다 하데요. '사람은 살게 되어 있다'는 말인데, 공산 적화하는 내용이랍니다. 살기가 힘들다고 형님한테 징징거려서 그 형님이 어떻게든 살게 되니까 걱정하지 말라는 뜻으로 쓴 건데 그렇게 이야기를 하더랍니다."

어머니 송찬선 씨는 '더 우스운 일도 있다'며 코웃음 쳤다.

"야들 아버지랑 같이 간첩죄로 끌려간 임경순이라는 자가 있어요. 그 사람이 장례 치를 산 터를 봐주는 사람입니다. 할아버지가 돌아가셔서 그 사람한테 땅을 봐달래서 상을 치르고, 그 이야기를 편지에 쓰면서 '임경순이라는 자 덕분에 무사히 할아버지 장사를 마쳤다'고 했는데, 그걸 가지고 임경순이도 간첩이라고 합니다. 우리랑 친하지도 않은 사람인데 그 편지 때문에 엮어서는 간첩이라고. 땅 보는 사람이 간첩은 무신 간첩. 임경순이 마누라한테 미안해서 내가 몸 둘 바를 모르겠어요. 그 사람도 결국 아파서 돌아갔는데, 아이고 미안해서 어쩐데요."

대법원까지 간 재판 결과, 1971년 9월 28일 장재성 씨는 징역 1년 및 자격정지 1년, 김인봉 씨는 징역 7년 및 자격정지 7년을 선고받았다.

2015년 12월 8일. 법원은 성완 씨와 이안자 씨 등 김인봉 씨와 장재성 씨 유가족이 낸 재심 청구를 받아들였다. 그리고 이어 2016년 6월 27일, 법원은 2심에서 두 망자의 간첩죄에 대해 '무죄'를 선언했다.

"피고인 망 장재성은 공산계열의 목적 수행과는 아무런 관련 없이 장수상을 만난 것으로 보이고, 김인수와 만난 것 역시 단순한 대면에

고 김인봉 씨의 생전 사진. © 서어리

불과했던 것으로 보이므로 국가의 존
립, 안전이나 자유민주적 기본 질서에
실질적 해악을 끼칠 명백한 위험성이
있는 경우라고 보기 어렵다. 피고인 망
장재성은 김인수가 밀항하다가 체포된
동생 피고인 망 김인봉을 안타깝게 여
겨 자신에게 구명이나 면회를 부탁한
것으로 인식했던 것으로 보이고, 실제

로 피고인 망 장재성이 한 행위 역시 피고인 망 김인봉을 면회해 밀항
하지 말도록 주의를 주고 그 면회 경위를 김인수에게 알려준 것에 불과
하다.”

"피고인 망 김인봉이 한 말은 국내에서 적법한 절차 등을 거쳐 이미
일반인에게 널리 알려진 공지의 사실이거나 피고인 망 김인봉이 사실
확인 없이 추측한 사실에 불과할 뿐만 아니라 그 내용이 누설되더라도
국가의 안전에 위험을 초래할 우려가 있다고 보기 어렵다. 피고인 망
김인봉이 김인수로부터 돈과 의류를 받은 것은 형으로서 한국으로 송
환되는 동생을 위해 여비와 옷가지를 지원해준 것으로 볼 수 있으므로
형인 김인수로부터 이와 같은 말을 듣고 금품과 의류를 받은 것을 두고
국가의 존립, 안전이나 자유민주적 기본질서를 위태롭게 할 위험이 있
다고 보기 어렵다.”

법원은 또한, 장재성 씨와 김인봉 씨를 영장 없이 체포한 것은 긴급

구속 요건에 맞지 않아 불법 구금이 인정되며, 그러한 상태에서의 수집한 진술 등은 증거로서 무효하다고 판단했다.

"죽으면 그만인디, 그래도 귀신이 한을 풀었으니 얼마나 좋아함시롱. 모두가 노력해준 덕분이지 않겠어요."

이제 대법원의 최종 선고를 기다리는 일만 남았다. 성완 씨는 무죄 확정 판결이 나오는 날 동네에 플래카드를 걸겠다고 했다.

"비록 돌아가셨지만, 이건 아버지 개인의 명예 문제만도 아니고 자식들의 문제도 아닙니다. 이웃들에게 평범한 사람이었고, 할아버지 할머니 자식으로서, 우리 5남매의 아버지로서 평생을 살아온 한 사람의 삶을 회복하는 일입니다."

3

아버지는 사형수, 나는 무기수……
하루아침에 온 가족이 간첩단이 되다니요

삼척 고정 간첩단 사건 피해자 김태룡 씨, 진창식 씨

한번 상상해보자. 여러분은 지금 어두컴컴한 독방에 갇혀 있다. 그리고 내 양 옆방에는 부모, 형제가 있다. 벽 하나를 사이에 두고 가족과 만날 수도, 말을 전할 수도, 들을 수도 없다. 벽을 통해 들리는 것은 사랑하는 가족의 울부짖는 소리뿐……. 독방에 누군가 슬그머니 다가와 말한다.

"네가 '아니'라고 하면 너희 가족은 죽는다."

그 질문이 무엇이든, 여러분은 '아니'라고 말할 수 있겠는가. 설령 나에게 아무런 죄가 없다 해도, 내가 부인하면 가족은 나로 인해 목숨을 잃는다. 그래도 '아니'라고 할 수 있을까.

아마 당신은 다른 가족을 위해 눈물을 머금고 '네'라고 답했을 것이다. 그런데 다른 가족 구성원 모두 같은 방식으로 '네'라고 답했다면?

가족을 담보로 한 협박에 넘어가 일가족이, 아니 두 집안 식구가 하루아침에 몽땅 간첩이 되어버린 일이 있다. '삼척 고정 간첩단 사건' 피해자 김태룡 씨, 진창식 씨와 이들 가족의 기막힌 사연이 그러하다.*

북에서 내려온 둘째 형님과의 만남

진창식 씨에게는 형님이 네 명 있었다. 그러나 첫째, 둘째 형님에 대한 기억은 없다. 한국 전쟁 중에 두 형님은 행방불명되었다. 둘째 형님은 북으로 갔고, 초등학교 교사였던 제일 큰 형님은 학교 숙직실에 있다가 의용군으로 끌려갔다는 이야기만 들었을 뿐이다. 형님들을 마지막으로 뵌 게 고작 네다섯 살 때의 이야기다. 그러니 진창식(71) 씨에게 두 형님은 없는 사람이나 마찬가지였다.

두 형님의 소식이 끊긴 지도 십수 년이 흐른 1968년 가을. 입대를 앞둔 창식 씨가 뱃일을 하고 집에 돌아온 때였다.

"창식이 왔느냐. 식사하고 이리로 오너라."

일찍이 돌아가신 아버지와 전쟁통에 사라진 두 형님을 대신해 가장이 된 셋째 형님 진항식 씨가 그를 불렀다. 어머님이 차려주신 식사를

● 이하 인터뷰는 2016년 7월 28일, 8월 7일, 8월 22일 세 차례에 걸쳐 진행되었다.

마친 창식 씨가 형님이 계신 사랑채로 갔다. 창식 씨를 부르는 형님 목소리가 예사롭지 않았다.

"전쟁 중에 사라진 둘째 현식이 형님을 아느냐."

"네."

"그 형님이 지금 여기 와 계시다."

북으로 넘어갔으니 평생 못 볼 줄로만 알았다. 그런데 지금 여기 와 계신다니 믿을 수 없었다.

"어제 저녁에 오셨다가 오늘 밤이 어두워지면 간다 하셨다. 길 떠나기 전에 집에 있는 막내 얼굴이라도 보고 가고 싶다는구나."

반가움은 잠시였다. 남북이 서로 극심하게 총구를 겨누던 흉흉한 때였다. 북쪽 사람들은 뿔 달린 무서운 사람들 아닌가, 적대감이 들었다.

"적국에서 내려왔으면 간첩 아닙니까. 이거 신고해야 하는 거 아닙니까."

휙 뒤를 돌아 문고리를 잡았다.

"창식아!"

문을 열어젖힐 찰나, 셋째 형님이 그를 잡았다.

"형님이, 북에 가족이 있다고 하신다. 네가 만일 신고를 하면 북에 있는 형님네 가족은 어찌 되겠느냐. 그리고 어머님도 형님을 보셨다. 십 년을 넘게 떨어져 살다가 앞으로도 못 볼 텐데 그렇게 떨어져서야 되겠느냐. 네 얼굴만 보고 가면 그만 아니냐."

어머니가 불현듯 떠올랐다. 어머니는 두 형님이 사라진 후로 매일

밤 정화수를 떠놓고 형님들이 건강하게 잘 살아있기를 간절하게 기도 했다. 창식 씨는 매일 그 모습을 옆에서 지켜보았다.

창식 씨에게 둘째 형님은 얼굴도 모르는 생판 남과 같았다. 그러나 어머니의 아들이었고, 아버지처럼 모시는 셋째 형님의 형님이었다.

"알겠습니다. 형님 말씀을 따르겠습니다."

두 시간 정도 흘렀다. 사방이 캄캄했다. 그러나 불을 켜지는 않았다. 혹시나 바깥에서 누가 볼까 염려스러웠기 때문이다. 숨을 죽이고 조용히 방 한구석에 앉아 둘째 형님을 기다렸다. 이윽고 저벅저벅 걸음 소리가 들리더니 손전등 불빛이 방 안으로 새어 들어왔다.

두 사람이었다. 둘 중 누가 형님인지 알 수 없었다. 농구화 같은 신발을 신은 남자가 창식 씨 쪽을 향해 불을 비추며 말했다.

"네가 막내냐."

"네, 제가 막내 창식입니다."

창식 씨는 고개도 제대로 들지 못하고 대답했다.

"얼굴 봤으니 되었다. 나중에 통일이 되면 만나자. 그동안 형하고 어머니 말씀 잘 듣고 있거라."

말을 마친 뒤 둘째 형님은 서둘러 방을 나갔다. 창식 씨는 구태여 배웅하지 않았다. 둘째 형님이 그 길로 떠났다는 것은 그다음 날, 셋째 형님을 통해서 알았다. 이것이 창식 씨와 둘째 형님의 첫 만남이었다. 그 후로 보름이 지난 어느 날, 바닷일이 없어 집에서 빈둥거리며 소일거리나 찾고 있을 때 셋째 형님이 다시 창식 씨를 불렀다.

왼쪽부터 진창식 씨, 김태룡 씨.
© 서어리

"지난번에 오셨던 둘째 형님이 산을 타고 북으로 가시려다가 낭떠러지에서 떨어져 거기서 가까운 조카네 집으로 갔다는구나."

셋째 형님은 창식 씨에게 심부름을 시키셨다. 둘째 형님이 머물고 있는 조카 집에 소독약과 생선을 전해주고 오라는 것이었다. 이번에도 창식 씨는 군말 없이 조카 집으로 가 둘째 형님을 뵈었다. 여전히 둘째 형님은 낯설고 무서웠다. 꺼림칙한 마음에 대화는 나누지 않았다. 이 것이 둘째 형님과의 두 번째, 그리고 마지막 만남이었다.

"그때 어머니는 잃어버린 아들 얼굴을 봤으니 좋으셨겠지만, 우리 집안에는 비극이었죠. 그 형님만 오시지 않았다면 우리 가족이 하나로 엮여서 잡혀가는 일도 없었을 테니까요."

비극은 창식 씨 집안에만 일어나지 않았다. 북으로 가는 길에 다친 진현식 씨를 거둬준, 창식 씨의 조카 김태룡(70) 씨의 집안도 비극의 소용돌이에 휘말렸다.

"저희 아버지한테서 들으니, 진현식 씨와 저희 아버지가 굉장히 절

2부. 조작 간첩으로 살기

친한 사이였다더군요. 친척인 데다가 나이도 비슷했고, 아버지가 옛날에 진현식 씨 가족이 운영하던 구멍가게에서 일을 했는데, 그때 진현식씨한테 사탕도 주고 그러면서 돈독하게 지냈다고 하더라고요. 그런데진현식 씨가 북으로 가던 중에 낭떠러지에서 구른 곳이 하필 우리 집과꽤 가까운 곳이었습니다. 그래서 진현식 씨가 함께 남한으로 온 사람한테 '고종사촌 형님 집으로 가자'고 해서 우리 집에 왔다 하더라고요."

그 당시, 타지에서 고등학교를 다니느라 본가에서 살지 않았던 태룡씨는 이 모든 상황을 나중에 아버지로부터 전해 들었다.

"처음에 진현식 씨가 우리 집에 도착해 노크를 하더니 아버지 얼굴을 보자마자 권총을 들이밀었대요. 어머니를 뵈러 북에서 넘어온 것이니 신고하지 말아달라는 것이었습니다. '내 뒤에 또 사람이 있는데, 형님이 여기서 신고하면 저 사람이 이 집안 식구를 다 죽일지도 모른다'는 것이었어요. 아마 많이 다쳤는지 다리를 절뚝이고 있었다 하더라고요. 예전에 워낙 가까운 사이였던 데다, 또 다쳤고 하니 도장방을 좀 내어줬습니다."

진현식 씨는 다리가 치료될 때까지만 자신과 동행인 김홍로 씨를 보호해달라고 했다. 그러나 하루, 이틀, 사흘, 열흘, 한 달이 지나도 둘은나갈 기미가 보이지 않았다. 그나마 진현식 씨는 잘 알던 친척이니 집에 데리고 있을 명분이 있었다. 그러나 전혀 알지 못하는 동행인까지거둬줄 수는 없는 노릇이었다. 태룡 씨의 부모는 더 이상 보호를 해줄수 없다며 김홍로 씨에게 나가달라 부탁했다. 김홍로 씨는 태룡 씨 부모의 말에 수긍했는지 얼마 지나지 않아 그 집을 나가 자신의 친척집으로 갔다.

남파 간첩들은 대체로 조를 짜서 내려왔는데, 진현식 씨네 조의 경우 김홍로 씨가 조장이었고 진현식 씨가 조원이었다. 그들은 당시 북과 소통할 수 있는 무전기를 휴대하고 있었는데 조장인 김홍로 씨가 발신과 수신 기능이 모두 되는 무전기를 갖고 있었던 반면, 조원인 진현식 씨는 수신 기능만 있는 무전기를 갖고 있었다. 김홍로 씨가 발신 가능한 무전기를 가지고 가면서, 수신 무전기만 가지고 있던 진현식 씨로선 북과의 연결고리가 사라졌다.

친척 집에 도착한 김홍로 씨는 며칠 되지 않아 경찰에 적발되었다. 친척 집에 있다가 경찰의 포위를 당한 것이다. 자수를 권유받은 김 씨는 경찰에게 잠시 시간을 달라며 방 안에 들어간 뒤, 수류탄을 터뜨려 자폭했다. 북과의 교신 장비도, 각종 서류도 모두 폭파돼 흔적도 없이 사라졌다. 이런 사실을 알지 못한 진현식 씨는 김홍로 씨가 돌아오기만을 기다렸다. 그렇게 3~4년이 흘렀다. 고등학생이었던 태룡 씨는 서울에 있는 대학에 갔고, 그동안에도 진현식 씨는 여전히 태룡 씨 집에 기거하고 있었다.

"부모님은 '세상 모르게 숨겨주고 있으면 괜찮겠지' 하는 안일한 생각을 하고 있었던 것 같아요. 그리고 옛날 시골 인심이란 게 아주 정이 두텁지 않습니까. 그런데 우리 집이 형편이 좋은 것도 아니라 여유롭게 그분을 도와줄 수 없었고, 저 같은 경우는 적발이 되면 숨겨준 데 대한 처벌을 받지 않을까 하는 생각이 있었습니다."

어떻게든 진현식 씨와의 인연을 끝내야 했다. 그러나 진현식 씨에게 '나가라'고 할 경우, 자칫하면 그가 자신을 버린 것에 원한을 품고 보복하거나 경찰에 자백하며 태룡 씨네 집안까지 끌어들일 수 있다는 생각이 들었다. 태룡 씨는 이 난처한 상황을 빠져나갈 묘안을 짜냈다. 이사를 가는 것이었다. 태룡 씨 부모는 진현식 씨에게 '삼척에서는 벌이가 시원치 않아 이사를 가야 하겠으니, 당신도 제 갈 길을 찾아가라'고 부드럽게 설득했다. 진현식 씨는 알겠노라 답했다.

엉뚱하게 시작된 비극의 도화선

태룡 씨의 집을 나온 진현식 씨는 그 뒤 어디로 갔을까. 다시 진현식 씨의 동생 창식 씨의 이야기를 들어보자.

창식 씨는 둘째 형님을 뵌 이듬해인 1969년에 예정대로 입대했다. 그는 군에 가서도 마음이 편치 않았다. 혹시나 둘째 형님을 만난 게 문제가 될까 싶어 불안함이 가시질 않았다. 그래서 베트남 파병에 지원했다. 심란한 생각도 덜고, 돈도 많이 벌 수 있으니 나쁘지 않은 선택지였다.

2년여의 파병 생활을 마치고 삼척 집에 돌아온 창식 씨는 어머니에게서 둘째 형님의 마지막 소식을 들었다.

"조카(김태룡 씨) 집을 나와서 다시 우리 집에 왔다고 하더라고요. 그런데 조카 집에서 몇 년 동안 지내면서 굉장히 몸이 허해졌대요. 다리를 다쳤는데 집 밖을 나갈 수가 없으니 제대로 치료도 하지 못했고, 운동도 못하니 기력이 좋을 수가 없었던 것이죠. 결국 골수염을 앓았는데, 도저히 버티기 힘든 상태까지 간 모양이에요. 그렇게 몸도 안 좋은 데다, 더 있다가는 가족들한테 피해를 줄 수 있겠다는 생각을 했었나 봐요. 어머니한테 미숫가루를 일주일분을 해달라고 부탁하더니, 두 끼정도 먹을 것만 챙겨서 집을 나갔다고 해요. 어머니는 '아마도 죽으러 간 것 같다'고 말씀하시더라고요."

그렇게 둘째 형님은 영영 자취를 감췄다.

일이 커진 것은 그다음이었다. 1974년, 북한 공작원들이 창식 씨의 집을 찾아왔다. 공작원들은 셋째 형님 진항식 씨에게 협박하다시피 '진현식 씨를 어디에 숨겼느냐'며 캐물었다. 진항식 씨는 공작원들에게 '형님은 거의 죽었다고 봐야 한다'고 답했지만, 공작원들은 '혹시 돌아올지 모르니 집에 오면 보호하라'고 말했다.

공작원들은 이듬해 다시 찾아왔다. '진현식이 남한에 온 이후 행적을 확인해본 결과 김상회(김태룡 씨의 아버지)의 집에 오래 있었던 것 같으니, 그 사람을 만나게 해달라'고 했다. 혹시 아직도 몰래 진현식을 숨기고 있을지 모르니 본인들이 직접 확인해보겠다는 것이었다. 진항식 씨는 공작원을 우선 자신의 집에 남겨두고, 친척을 데리고 오겠다며 홀로 서울 성동구 태룡 씨의 새집에 찾아갔다.

　　　　　　　　　　　　　2부. 조작 간첩으로 살기

"지나고 보니, 참 인생이라는 게 한순간입니다. 제가 실은 무기징역을 안 받아도 될 사람인데, 하필 그날 아버지가 바빠서 제가 대신 나가는 바람에 이렇게 돼버렸습니다."

지난날의 기억을 끄집어내던 태룡 씨가 쓴웃음을 지었다.

당시 태룡 씨의 아버지는 서울 성수동에서 롤러스케이트장을 운영하고 있었다. 진항식 씨로부터 삼척에 같이 가자는 말을 들은 아버지는 태룡 씨에게 '일이 많아 손이 바쁘니 네가 갔다 와라'라고 했다. 태룡 씨는 일을 마치고 집에 온 터라 피곤하기도 했고, 그날따라 몸 상태도 좋지 않았다. 당숙인 진항식 씨를 뵙고 삼척을 따라가는 내내 비몽사몽이었다. 삼척에 가서 낯선 사람들을 만나고도 정신이 아득했다.

"나중에 알고 보니 그때 저랑 당숙이 만난 걸 가지고 경찰이, 당숙은 통일혁명당 강원도당위원회를 구성하라는 지령을 받아서 본인이 위원장, 제가 부위원장이 되어 당을 조직하기 위해 만난 것처럼 꾸며놨더라고요."

비극의 도화선은 엉뚱한 데 숨어 있었다.

"집안의 먼 형수뻘 되시는 분이 있어요. 그분이 어느 날 점을 보러 가서 점쟁이에게 이것저것 물어보다가 진현식 씨 이야기를 하면서, 옛날이 우리 집안에 이런 일이 있었는데 그 사람이 죽었는지 안 죽었는지 소위 말해 점을 쳐달라고 한 겁니다. 그런데 그 점쟁이가 자신이 잘 아는 경찰한테 이러저러한 일이 있으니 한 번 조사해보라며 제보를 한 모양입니다."

'간첩 잡기'야말로 경찰에게는 최고의 승진 코스였던 때였다. 제보를 받은 경찰은 서울과 삼척에서 각각 간첩 몰이에 나섰다.

1979년 6월 15일. 당시 태룡 씨는 건설회사 현장 직원으로 근무하고 있었다. 대전에서 울산까지 가는 초고압선 건설 공사를 위해 대구 작업 현장에서 지낼 때였다. 어느 날 직원 한 명이 태룡 씨네 집으로 찾아와 태룡 씨를 불렀다. 사무실에 누가 찾아왔다고 했다. 사무실에 가니 형사라고 소개한 대여섯 명이 그를 기다리고 있었다.

"살인 사건에 대해 물어볼 게 있습니다. 같이 가시죠."

그들은 영장도 없이 대뜸 수갑을 꺼내 들었다.

"대체 무슨 일입니까?"

"너 이 새끼, 순순히 따라오지 않으면 죽을 줄 알아."

차가운 것이 피부에 닿았다. 권총이었다.

강제로 차에 태워져 동대구 기차역으로 가 다시 형사들과 함께 서울로 가는 기차를 탔다. 형사들은 태어난 지 3개월도 안 된 아들과 아내도 서울로 데려왔다. 하루는 여관방에서 형사들과 같이 묵고 다음 날 수갑을 찬 채로 후송차를 타고 어디론가 갔다. 차가 들어가는 출입구 왼쪽 기둥에는 '해양연구소'라고 적힌 간판이 있었다. 호송차는 건물 오른쪽 지하로 들어갔다. 태룡 씨는 나중에야 알았다. 이곳이 그 유명한 '남영동 대공분실'이라는 사실을.

이곳에서 처음 일주일을 지냈다. 조사실에는 사람 머리도 못 빠져나갈 만큼의 아주 작은 창문이 있었다. 거기로 차가 왔다 갔다 하는 게 보

2부. 조작 간첩으로 살기

피해자 김태룡 씨. © 최형락

였다. 방에 들어가자마자 조사가 시작되었다.

책상을 놓고 조사관과 마주 앉았다.

"이 새끼, 권총이나 난수표, 무전기 있으면 다 꺼내."

갖고 있는 게 없으니 대답할 것도 없었다. 그러자 이번에는 '평생 자술서'라는 것을 쓰라고 했다. 지금까지 살아온 내용을 모두 쓰라는 것이었다. 한 번이면 될 줄 알았지만 조사관은 새 종이를 꺼내와 또 쓰라고 했다. 그리고 조사관들은 둘을 비교 대조했다. 내용이 서로 다른 부분을 찾아 왜 다르냐며 구타하기 시작했다.

"간첩 행위한 건 왜 안 써? 자백해."

"그런 사실이 없습니다."

간첩 사실을 부인하면 뺨을 사정없이 맞았다. 얼굴에 감각이 없을 정도로 오랫동안 맞았다. 귀 뒤쪽을 몽둥이로 맞기도 했다. 조사관은 공작 활동으로 꾸며 쓸 내용을 찾느라 혈안이었다.

"해안에 경비초소 있는 거 봤어 안 봤어?"

"그냥 눈에 지나가면 보이는 걸 굳이 쓸 필요가 있습니까."

"네가 그걸 보고 간첩에게 보고했을 거 아냐!"

"그런 일이 없습니다."

"없다는 게 말이 되냐?"

'아니'라는 말을 할 때마다 조사관들은 태룡 씨를 구타했다. 엎드리게 한 후 허벅지를 두들겨 팼다. 나중엔 하도 맞아 살갗이 다 찢어져 피투성이가 되어 화장실도 갈 수 없을 정도였다. 하는 수 없이 고등학교 등하굣길을 오가며 보았던 해안 경비초소에 대한 정보를 이야기했다.

"근덕면 궁촌리 원평과 문암 부락 사이 해안에 원평 쪽 해안선 모퉁이에 군인 경비부대 막사 1개소가 있는데……."

그 근방에 사는 사람이면 누구나 다 아는 이야기였다. 그러나 후일 이러한 진술은 '국가 기밀'로 둔갑하고 만다.

물고문도 지독했다. 팔다리를 묶고 물이 가득한 욕조에 얼굴을 집어넣어, 여러 번 정신을 잃었다. 고춧가루를 탄 물을 먹이는 '고춧가루 고문'도 이어졌다. 하루는 짬뽕 한 그릇을 시켜주며 '건더기만 먹으라'고 했다. 잘 먹지도 못해 억지로 건더기를 입에 욱여넣고 국물만 남겼다. 조사관들은 남은 그 국물을 태룡 씨 얼굴에 콸콸 쏟아 부었다.

"맵기가 이루 말할 수가 없어요. 그 고통은 당해보지 않은 사람은 절대 모를 겁니다."

또 발가벗겨 놓고 성기를 몽둥이로 때리면서 "자백하지 않으면 네 마누라를 데려와 이 꼴을 만들겠다"라고 협박하기도 했다.

이들이 고문당했던 남영동 대공분실 건물. 지금은 경찰청 인권센터로 바뀌어 일반인에게 공개되고 있다.
© 최형락

"처음엔 승강이도 벌이고 버티기도 했습니다. 그런데 그 사람들이 원하는 답을 말하지 않으면 고문은 기본이고 다른 가족을 들먹이며 협박을 해대니 배겨낼 수가 있어야지요."

태룡 씨는 결국 그들이 요구하는 대로 자술서에 쓸 수밖에 없었다. 구타와 협박의 연속, 그렇게 끔찍한 일주일이 지났다.

간첩이라는 '시나리오'

창식 씨가 끌려간 날도 태룡 씨와 같았다. 1979년 6월 15일, 창식 씨의 새벽잠을 깨운 것은 경찰들이었다. 구둣발로 방에 저벅저벅 들어온 형사들은 잠이 덜 깬 창식 씨의 양팔을 세게 붙들었다.

"무슨 일이오."

"퇴근길에 무슨 일 없었나?"

"없었소."

"신고가 들어왔으니 경찰서로 갑시다."

지프차를 타고 삼척경찰서로 갔다. 형사들은 대뜸 호통을 쳤다.

"너 간첩질했지? 바른대로 말하지 않으면 너희 형 진항식을 잡아다가 거꾸로 매달아 놓을 거야."

간첩 일을 한 적이 없다고 했다. 여러 번 윽박지르긴 했지만 구타는 하지 않았다. 다음 날, 차를 타고 서울로 갔다. 창식 씨를 태운 후송차는 태룡 씨가 있는 남영동 대공분실로 향했다. 태룡 씨와 마찬가지였다. 조사실에 가자마자 평생 자술서를 쓰고 또 썼다. 자술서들의 내용이 조금이라도 다르면 조사관들은 물이 가득 담긴 욕조에 창식 씨의 머리를 집어넣었다. 그리고 똑바로 말하지 않으면 고춧가루 고문을 할 거라고 협박했다. 3일째까지는 잠도 재우지 않았다. 4일째가 되자 그제야 잘 수 있게 했다.

저녁 9시쯤, 수갑을 찬 채로 담요를 뒤집어쓰고 누웠다. 아주 오랫동안 못 잤는데도 두려움 때문인지 고문으로 인한 고통 때문인지 창식 씨는 좀처럼 잠들지 못했다. 눈만 살짝 붙이고 있으려니 두런두런 소리가 들렸다. 대공분실장이란 사람이 들어와 창식 씨를 조사하던 경위에게 물었다.

"이놈 자?"

"오늘 정리할 게 있어서 제가 일찍 좀 재웠습니다."

주변이 고요했다. 그들의 대화가 창식 씨 귀에 박혔다.

"이놈이 한 게 아무것도 없는데도 시나리오를 작성하라고 하네. 이거 골치 아프게 생겼는데?"

"그럼 올 여름 휴가는 틀린 것 아닙니까?"

억울하고 분통이 터졌지만, 창식 씨 역시 그들의 '시나리오'대로 할 수밖에 없었다. 말하란 대로 말하고, 쓰란 대로 썼다. 그래야 끝도 없이 쏟아지는 폭행으로부터 해방될 수 있었다.

"'올 여름 휴가는 틀린 것 아니냐'라는 말이 도저히 잊히지 않아요. 저는 그 '시나리오' 때문에 억울하게 죽게 생겼는데 그자들은 고작 본인들 휴가 걱정이나 하고 있으니, 그걸 듣고 있는 제 마음이 어땠겠습니까?"

남영동 대공분실에서 일주일간 조사를 받고 춘천 대공분실로 옮겨 가서도 상황은 마찬가지였다. 여기서는 다른 가족들과 진술 내용을 맞추게 했다. 조사가 시작된 후로 한 번도 가족들의 안위를 확인할 수 없었다. 그러나 수시로 자신의 진술서를 다른 진술서와 대조하는 것을 보며, 다른 가족들도 비슷한 때에 함께 춘천에 끌려왔다는 것을 짐작할 수 있었다.

"'네 아버지는 이렇게 말했는데 왜 너는 저렇게 말해?'라는 식이었지요. 우리가 남들보다 더 고문을 받았던 건, 피의자가 워낙 많아서 서로 다 똑같이 말을 맞춰야 했기 때문입니다. 서로 이야기가 딱 맞아떨어질 때까지 두들겨 맞았습니다."

구타와 잠을 재우지 않는 고문은 물론이고, 전기 고문까지 이어졌다.

피해자 진창식 씨. © 서어리

"춘천에서 전기 고문을 얼마나 많이 받았는지 모릅니다. 손발을 묶은 채로 전기 스위치를 몇 번 눌러요. 그냥 찌릿한 정도가 아니라, 내 몸 자체가 붕 뜨는 것 같은 느낌이 드는데 내 몸이 있는지 없는지도 몰라요. 하도 종류별로 고문을 받다 보니 언제 뭘 어떻게 당했는지 체계적으로 순서도 정리할 수가 없어요. 그냥 만신창이가 되었습니다."

조사관들의 구타는 견딜 수 없는 것이었다. 그러나 그들을 더욱 못 견디게 하는 것이 있었다. 바로 가족의 목숨을 담보로 한 협박이었다. 태룡 씨는 "지금도 비명 소리가 귀에서 떠나지 않는다"라고 했다.

"고문당할 때 한밤중이 되면 옆에서 전기 고문 소리가 들려요. 서울에선 문을 열어야 다른 방 소리가 들렸는데, 춘천에선 문을 안 열어도 다 들리더라고요. 찢어지는 비명 소리가 들리는데, 그게 다 누구겠어요. 다 우리 가족들 아니겠어요. 똑바로 안 하면 네 아버지, 네 누이 다 죽는다고 해요. 그러니 가슴이 안 찢어집니까. 인간으로 태어났으면 그렇게 해선 안 되는 거 아닙니까. 아무리 위에서 시켰다고 해도, 인간이 그럴 수 있습니까. 짐승도 그렇게는 안 할 겁니다."

하루아침에 풍비박산 난 두 가족

"1969.5~1971.5경 간첩 진현식 등에게 국가 주요 산업시설의 규모와 군사상 기밀을 제보. 국가보안법 제2조, 형법 제96조 제1항."

"1975.4.13 간첩과 반국가단체인 통일혁명당 강원도위원회를 구성하여 간부로 종사하고 내란 예비 음모 국가보안법 제1조 제2호, 형법 제90조 1항, 제87조 제2호."

"1975.4경 반국가단체의 활동을 찬양, 동조. 반공법 제4조 제1항."[14]

고문과 협박을 견디지 못해 내뱉은 말들은 하나하나 공소장의 밑거름이 되었다. 그렇게 태룡 씨와 창식 씨는 법적으로 완벽한 '간첩'이 되었다. 그리고 그들을 포함한 가족 열두 명은 '간첩단'이 되었다.

"웃기지 않습니까. 간첩단이라고 하는 떼거지를 따져보면 죄다 가족이에요. '단'이라고 붙일 거면 뭐가 좀 조직다운 게 있어야 하는데, 식구들 모아놓고 '간첩단'이라고 하는 게 참 우습고 거창하지 않습니까?"

언론에서도 '북괴 간첩 일당 열두 명을 일망타진했다'고 떠들어댔다.

"정말 말 그대로 '일망타진'이었습니다. 한날한시에요. 기획한 일이 아니고서야 한두 명도 아니고 열두 명을 어떻게 한날한시에 잡아넣을 수 있습니까. 그런데 경찰은 나중에 재심 법정에서 사전에 안 게 아니라고 발뺌했습니다. '진항식이가 의사도 아닌데 치료했다는 신고를 받고 의료법 위반 혐의로 조사하던 중, 북에서 넘어온 형님이 있다는 이야기를 해서 그 진술을 토대로 조사를 시작했다'고 하더라고요. 사전에 안 게 아니었으니 영장 발부받을 시간이 없었단 겁니다. 진 씨네 가족, 저희 가족이 삼척, 서울에 다 뿔뿔이 흩어져 사는데 진항식 씨를 잡아 넣은 지 하루도 안 돼서 12명을 일망타진하는 게 말이 됩니까? 만일 경찰이 애초부터 우리를 잡아넣으려고 기획한 거였다면, 충분히 시간이 있었으니 영장 발부 신청을 했어야 할 겁니다. 그런데 그렇게 하지 않았습니다."

혹시나 검사는 좀 나을까 싶어 검찰 조사에서 기존 진술을 뒤집었다. "경찰이 쓰라고 해서 고문을 못 이겨 쓴 것뿐"이라고 호소했다. 검사는 "조사 이따위로 할 거냐"라며 매몰차게 경찰에게 창식 씨를 데려가라고 했다. 다시 경찰에 끌려간 창식 씨는 담요를 뒤집어쓰고 여러 명에게서 얻어맞았다.

"'너 이 새끼 또 말 바꿀 거야'라면서 구둣발로 엄청나게 밟더라고요. 그날은 정말 죽는 줄 알았습니다."

법정에서도 사실대로 말할 수 없기는 마찬가지였다. 그들을 직접 고문했던 조사관들이 방청석에 앉아 빤히 지켜보고 있었다. 조사관들은 조사 말미, '공판장에서 허튼소리를 하면 죽는다', '자백한 내용과 다른 말을 하면 괘씸죄로 더 형이 높아진다'고 미리 겁을 줬다. 무력함과 허탈함에 웃음만 나왔다.

"이미 포기한 상태였습니다. 시기도 좋지 않았습니다. 1심을 1979년 11월에 했는데 10월에 박통(박정희 전 대통령)이 죽었습니다. 나중에 구속영장이 떨어져서 춘천교도소에서 조카(태룡 씨)를 만났는데, 보나 마

2부. 조작 간첩으로 살기

1979년 8月9日 木曜日

武裝고정間諜團검거

一黨24명 三陟거점 民心교란 획책

東海岸경비상황중 파악 무線信 交信45回

潛入서해

당시 사건을 보도한 《동아일보》 1979
년 8월 9일 자 기사.

나 죽었다고 우리끼리 이야기했습니다."

억지로 끼워 맞춰진 사건이다 보니, 재판에서는 어처구니없는 광경이 여러 번 연출되었다.

"재판은 정말 엉망 그 자체였습니다. 우리 중에 두어 명 빼고는 다 초등학교만 나오거나 초등학교도 못 다닌 일자무식들입니다. 조카(김태룡 씨)네 삼촌(김달회 씨)한테 '노동당에 어떻게 가입했느냐'고 물으니까 '반장하고 리장이 하라고 해서 가입했다'고 대답했습니다. 공화당을 생각하고 말한 건데, 한글도 못 읽는 분이 노동당이나 공화당이 뭔지 구분이나 할 수 있었겠어요. 노동당을 반장이나 리장이 시켰다는 게 말이 됩니까. 판사들이 그 이야길 듣더니 웃더라고요. 그렇게 웃어놓고, 어떻게 징역을 줍니까. 아마 그 사람들은 우리가 간첩이 아닌 걸 다 알았을 겁니다."

재판은 일사천리로 진행되었다. 불과 일 년도 못 되어 3심이 모두 끝난 속전속결 판결이었다. 12월 20일 대법원은 태룡 씨와 창식 씨에게 각각 무기징역을 선고했다. 태룡 씨의 아버지 김상회 씨, 창식 씨의 셋째 형 진항식 씨는 사형을 선고받았다. 나머지 여덟 명도 5년에서 10년 사이의 실형을 받았다. 1심부터 대법원까지 판결 내용이 공소장과 똑같았다.

"지금 보니 그때 판결문이 공소장 오자 탈자까지 그대로 옮겼더라고요. 검사도 엉터리였지만, 판사도 제대로 판결할 의지가 없었던 거죠."

그야말로 하루아침에 두 집안이 풍비박산 난 꼴이었다. 아들 삼 형제와 며느리, 손자, 손녀까지 제 핏줄 일곱 명이 줄줄이 끌려가자, 태룡 씨의 할아버지는 할머니 묘 잔디를 다 뜯어놓은 후 농약을 마시고 스스로 목숨을 끊었다. 고모도 할아버지의 자살에 충격을 받아 같은 선택을 했다. 나중에 들은 이야기지만, 감옥살이를 마치고 나온 삼촌 김달회 씨도 결국 우울증을 극복하지 못해 자살했다고 한다. 영어에 갇힌 몸인 태룡 씨는 이 모든 상황을 감옥 안에서 전해 들었다. 1983년 집행된 아버지의 처형 소식조차 나중에야 알 수 있었다.

"아버지는 곧 형장의 이슬이 되고, 다른 가족들도 감옥살이를 하고 있고, 밖에 있던 가족들은 농약을 마시고 죽어 나가고, 그런데 저는 아무것도 할 수 없는 무기수였으니, 그 심정은 이루 말할 수가 없습니다. 이 지구상에서 내 고통을 넘어선 사람이 역사에 있겠는가 싶습니다."

창식 씨 또한 형님의 죽음을 뒤늦게 알았다. 가족 가운데 그가 형님을 가장 마지막으로 뵈었다.

"서울에서 전주 교도소로 옮겨가기 전에 서울 구치소에 계신 형님 면회를 신청했습니다. '형님은 언제 사형이 집행될지 모르고 나는 무기

수 몸이니 마지막으로 좀 보게 해달라'고 사정사정했습니다. 면회를 잘 안 시켜주는데 그때 아주 운 좋게도 형님을 뵈었습니다. 형님은 '미안하다. 나로 인해 우리 가족이 이렇게 돼 미안하다. 나도 몸 건강히 잘 있다. 얼마나 살지는 모르겠다'고 했습니다. 면회 시간이 너무 짧아서 형님 얼굴은 잘 기억나지 않습니다."

형장에서 혈육을 잃는 슬픔을 안고도 기약 없는 감옥 생활을 감내해야만 했다. 고통은 끝이 없었다.

"처음 영등포 교도소에서 지낼 때 그 3개월이 정말 정신적으로 힘들었습니다. 처음에는 일주일만 있어도 죽을 줄 알았는데 목숨이 안 그렇더라고요. 죽고 싶은 생각이 막 들어서 2심 재판할 즈음에는 저는 밥도 안 먹습니다. 상태가 안 좋아 보였는지 교도관들이 제가 자살할 우려가 있다며 손이랑 몸을 같이 묶어놨어요. 그렇게 밤낮으로 3개월을 지냈습니다. 그리고 교도소에서 순화 교육이라는 걸 받았습니다. 아침에 가서 봉 들고 운동장 한 바퀴를 돌면 아침에 먹은 걸 다 토합니다. 그렇게 힘들 수가 없었습니다."

태룡 씨는 굶주림의 고통을 참아내기 힘들었다고 말했다.

"처음 춘천 교도소에 들어갔을 때 밥을 보리쌀로 주는데, 썩은 덩어리가 나오더라고요. 밥이 아주 냄새가 나서 먹을 수가 없었습니다. 단무지도 썩어서 먹지 못할 정도였습니다. 간수한테 '이걸 먹으라고 줬냐' 하며 따지니 간수가 '무슨 소리냐. 내가 한 번 먹어보자' 해서 줬더니 바로 뱉더라고요. 도통 먹을 수가 있어야지요.

제가 처음 들어갔을 때가 30대 초반이니까, 한창 혈기왕성하고 배고플 때 아닙니까. 그래서 같이 수감된 사람들끼리 모여서 가위바위보를 했습니다. 한 번이라도 실컷 먹어보자 해서 일등은 아침에 세 명 밥을 몰아 먹고, 이등은 점심에 몰아 먹고, 삼등은 저녁에 먹고, 나머지는 굶는 것입니다. 배고팠던 이야기들을 하려면 끝이 없습니다. 그렇게 춥고 더럽고 배고픈 곳에서 내 젊은 청춘을 다 바쳤습니다."

젊은 날을 감옥에 모두 바친 둘은 체포된 지 19년 2개월 만인 1998년에야 다시 세상 빛을 볼 수 있었다. 이 사건에 연루돼 복역한 이들 가운데 사형당한 두 명을 제외하면 마지막 출소자들이었다.

평생의 멍에, 간첩이라는 낙인

기약 없는 무기수에서 자유의 몸이 되었지만, 그들은 전혀 기쁘지 않았다고 했다.

"나올 때 소회요? 아마 일반 사람들이 생각하는 거랑은 많이 다를 겁니다. 아무 감흥이 없었습니다. 그냥 '나왔나 보다' 했어요. 거처랄 것도 없고, 집안은 쑥대밭이 돼서 의지할 곳도 없으니 그저 비참하고 처량할 뿐이었습니다. 해방이 되면 만세라도 부르고 덩실덩실 춤이라도 출 텐데, 저는 그런 심정이 아니었습니다."

무기수에 간첩 낙인까지 찍혔으니 취직이 쉬울 리 없었다. 태룡 씨는 예전엔 윗사람이 깜짝 놀랄 정도로 일을 잘했다고 했다. 돈도 꽤 잘 벌어 1970년대 후반에 부자들만 산다는 서울 아파트 분양권까지 얻었다. 그러나 이것은 어디까지나 과거 이야기였다. 감옥에서 나온 그가 할 수 있는 일이라곤 일용직 아르바이트 수준의 일뿐이었다. 오토바이 택배, 건설현장 막노동으로 하루하루 연명했다. 가족 간 불화도 그를 괴롭게 했다.

"나중에 아내가 살아온 세월을 들어보니 어마어마하게 고생을 했더라고요. '간첩 아내'라니까 친정에선 호적 파라고 난리고, 주변에서 도와주는 사람도 없고……. 보험회사에 다니다가 스트레스로 원형탈모도 오고. 그래도 어린 아들 키우려고 아등바등 살아왔더라고요. 그 사람은 예전에 내가 능력이 있었으니, 출소하면 다시 재기할 수 있을 거라 생각하고 나를 기다렸습니다. 그런데 막상 내가 나왔는데 예전 같은 능력이 없다 보니까 아내 입장에선 실망이 엄청난 겁니다."

먹고살 길이 없는 태룡 씨 내외는 하는 수 없이 기초생활수급자 신청을 했다. 부양의무자가 있을 경우 수급 대상자 대상이 될 수 없어 결국 합의 이혼까지 했다.

창식 씨네 가정도 멀쩡할 리 없었다. 창식 씨가 끌려간 후부터 그의 아내는 식모살이, 파출부부터 한복집, 수선집 운영까지 두 아들을 먹여 살리기 위해 고군분투했다.

"형기가 8, 9개월밖에 안 남았을 때였는데 차장검사라는 사람이 와서 '그동안 고생이 많았다. 이제 사회에 나가서 착실히 살겠다는 서약

서를 쓰면 빨리 내보내주겠다'고 하더라고요. 거의 20년 만기 채워서
나오는데 왜 서약서까지 써야 하나 해서 안 쓰려다가, 아이들 얼굴 하
루라도 빨리 보고 싶어서 썼어요."

불행한 이들 인생에도 한 가지 낙이 있었다. 체포 당시 어린 아이였
던 태룡 씨의 외동아들과 창식 씨의 두 아들이 아버지의 오랜 복역에도
비뚤어지지 않고 잘 자라준 것이다.

"아들이 저를 불신하지 않은 것, 그 이상 고마운 게 없어요. 그 끔찍
한 고통 속에서도 지금까지 버틸 수 있었던 건, 다 나를 믿어준 우리 아
들 덕분입니다."

간첩 누명은 아직도 시시때때로 그들을 옥죈다. 이들은 정부의 보호
관찰 대상자다.[15] 어딜 가든, 누구와 이야기하든 국가는 이들의 행적을
좇는다. 태룡 씨는 "작은 감옥에서 큰 감옥으로 나왔을 뿐"이라며 "지
금도 여전히 삶은 제게 감옥"이라고 했다. 누명을 쓰는 과정에서 당한

고문은 신체에 회복할 수 없는 상처를 남기기도 했다. 태룡 씨는 남영동 대공분실에서 고문당하던 중 방망이로 귀를 맞은 탓에 한쪽 귀를 쓸 수 없게 되었다.

그뿐만 아니라 주위 사람들의 시선은 여전히 그들을 찌르는 무기이다. 삼척에 사는 창식 씨는 요즘도 종종 '간첩' 이야기를 듣고 산다.

"삼척 시내에서 버스를 타고 오는데, 사람들이 우리 동네를 손가락으로 가리키면서 그러더라고요. '여기 간첩 마을'이라고요. 그 말을 듣는데 정말 가슴이 찢어지더라고요."

금전적 피해도 적지 않다. 창식 씨는 과거 전력으로 인해 국가유공자 심사에서 탈락해 수술비 지원을 받지 못했다.

"한 5년 전쯤 어장에 나갔는데 식은땀이 나고 숨이 차더라고요. 베트남 파병 갔다 온 사람이 나이 먹어서 고엽제 관련 질병에 걸리면 소위 말해 국가유공자가 되는 걸 알고 있어서, 혹시나 해서 병원에 갔습니다. 진료를 해보니 고엽제 질병인 어혈성 심장 질환이고, 심장에 들어가는 피가 90%가 막힌다고 하더라고요. 보통은 60%가 넘으면 국가유공자가 되는데 난 90%였으니 아주 중증인 셈이죠. 그래서 진단서를 들고 국가보훈처에 갔는데 저는 탈락이라고 하는 겁니다. 보훈처 보상법 가운데 실형 3년 이상 산 사람은 해당 사항이 없다는 내용이 있다는 거지요. 고엽제 피해에 대한 지원이랑 제 간첩 전력이 무슨 상관이 있는지 도통 이해가 되질 않아요."

진창식 씨의 집. © 서어리

34년 만에 찾아온 명예 회복의 기회

간첩 누명은 평생 짊어질 짐이라고만 생각했던 이들에게 명예 회복의 기회가 왔다. 노무현 정권 시기 진실화해위가 발족되면서 조작 간첩 사건 연루자들이 과거의 억울함을 소명할 길이 열린 것이다.

"세상이 우리에게 영롱하리라는 생각을 못해서, 처음엔 그런 걸 신청할 생각도 못했습니다. 그러다가 누님이 처음 찾아가서 재심을 신청했는데 기각당했지요. 그리고 다시 신청을 해야 하는데 이번엔 또 서류를 누락시키는 바람에 기간이 지나서 하지 못했습니다. 그 후에 제가 이의 신청을 해서 조사가 시작됐지요."

위원회 조사 과정에서 주목할 만한 증언이 나왔다. 당시 이들을 조사했던 대공분실 수사관이 직접 입을 연 것이었다. 신 모 수사관은 이들을 구금한 과정에 관해 "당시 체포 영장이나 구속 영장을 발부받은 바 없다. 당시에는 국가보안법 혐의자에 대해서는 임의동행 형식으로 검거했다. 약 20일 정도 있었던 것으로 생각된다"라며 "오랫동안 구금한 이유는 한마디로 실적을 올리려고 그렇게 한 것이 아닌가 생각한다"라고 했다. 조 모 수사관 역시 "당시 국가보안법 혐의자에 대해서는 관행적으로 체포영장이나 구속영장을 발부받지 않고 임의동행 형식으로 검거했다"라며 "조사가 길었던 것은 기억하는데 정확한 날짜는 잘 모르겠으나 약 한 달 반 정도 여관에서 지냈다"라고 했다.

과거 이들이 북한을 찬양한 것을 들었다고 증언한 지인들도 조사에서 뒤늦게 사실을 털어놓았다. 수사관의 강요에 의해 허위로 진술했다는 것이었다. 권 모 씨는 과거 수사관에게 "진창식이 '북한은 트랙터로 농사를 짓고 병원도 무료로 치료해주고 남한보다 살기가 좋다'고 말해 은밀히 북괴를 선전했다"라고 말했다. 그러나 진실화해위 조사에서 그는 "당시 경찰에서 조사를 받게 되면 당장 회사를 그만두어야 했기 때문에 수사관이 그렇게 쓰라고 하여 쓴 것이고, 법원 출석 역시 경찰로부터 연락을 받고 증인으로 출석하게 되었는데, 검찰이나 공판 전 수사관이 '경찰에서 진술한 대로 해야 한다. 그렇지 않으면 경찰 조사를 받아야 한다'고 해서 사실이 아닌 진술을 할 수밖에 없었다. 당시 공판에서 경찰들이 지키고 있었고 사실대로 말하면 나에게 불이익이 생길 것 같아 사실이 아닌 진술을 하게 된 것"이라고 했다. 이 외에도 여러 증인들이 허위 진술한 사실을 밝혔다.

진실화해위는 '삼척 고정 간첩단 사건'을 재심 대상 판결로 판단했고,

이를 기초로 피해자들은 재심을 청구했다. 법원은 재심 신청을 받아들였다. 2013년 4월, 태룡 씨의 누이 김순자 씨, 태룡 씨의 어머니 고故 김경옥 씨, 창식 씨의 형수이자 진항식 씨의 아내인 윤정자 씨에 대한 재심이 시작되었다. 법원은 이들이 압수, 수색 영장 없이 장기간 구금된 상태에서 가혹 행위 등으로 허위 진술을 강요받은 점에 주목했다.

"피고인과 공동피고인들에 대한 경찰 수사과정에서 광범위하게 이루어진 가혹 행위, 협박, 회유 등으로 인해 피고인들 공동피고인들의 경찰 진술뿐만 아니라 검찰 및 원심 법정에서의 진술까지도 임의성이 없는 상태에서 이루어졌다고 추단되거나, 적어도 그 임의성에 강한 의심이 든다고 할 것인데, 그러한 임의성에 대한 의문점을 없애는 검사의 적극적인 입증이 없으므로 공소사실을 인정하는 취지의 피고인들과 공동피고인들의 각 원심 법정 진술, 피고인들 및 공동피고인들에 대한 경찰, 검찰 피의자신문조서 및 각 진술서는 모두 임의성 없는 자백의 증거능력 배제를 규정한 형사소송법 제309조 및 임의성 없는 진술의 증거능력 배제를 규정한 형사소송법 제317조에 의해 그 증거능력을 인정할 수 없다 할 것이다."

- 서울고등법원 제10형사부 2010재노77 판결문

2, 3심 모두 결과는 같았다. 무죄였다. 무려 34년 만에야 억울한 누명을 벗은 것이다.

2부. 조작 간첩으로 살기

"피고인들이 과거 오래전 있었던 판결로 신체적·심적 어려움을 겪었던 시간들에 대해 사법부를 대신해 사과하며, 피고인과 가족들을 위로합니다."

재판장은 눈물짓는 피고인들을 향해 위로의 말을 전했다.

2014년 겨울, 태룡 씨와 창식 씨도 다시 재판장에 섰다. 이번 재심역시 마찬가지였다. 검찰이 내놓은 태룡 씨와 창식 씨의 허위 자백은법정에서 증거의 힘을 잃었다. 1심에 이어 2심까지, 법원은 무죄를 선고했다.

"저희 재판 1심에서는 판사 세 분이 다 일어나 우리한테 '그동안 겪은 고통에 대해 위로한다'고 절까지 하더라고요. 2심 재판부는 '위안이될지 모르지만 이 판결로 마음의 안식을 찾기를 간곡히 기원한다'고 말했고요. 그 이야기를 듣고 눈물이 나고 찡했습니다."

"사법부가 과거엔 비록 잔악무도한 일을 묵인한 채 검찰 공소 내용그대로 유죄 판결을 내렸지만, 지금이라도 과거 잘못된 부분에 대해 사과하는 걸 보고 감복했습니다. 이렇게 변화된 모습을 보여주는 재판부가 존경스럽고, 아주 고마웠습니다."

이제 남은 것은 대법원 판결뿐이다. 1, 2심에서 모두 무죄가 나왔지만, 대법원 판결을 받기 전까지는 완전히 누명을 벗은 게 아니라는 것이 이들의 생각이다. 그들은 언론 인터뷰조차 대법원 판결에 영향을줄까 염려스럽다고 했다.

"대법원에서도 인간의 양심을, 진실을 밝혀주리라 기대합니다."

진정한 자유를 기다리며

"원평도 좋고 좋아, 팔계리 산답니다. 모두들 궁촌에 와 한 번만 살아보소. 참 좋은 곳이로다. 궁촌은 야 홍. 영은사 절에도 벌 나비 떼를 모아 봄이면 꽃놀이요. 가을이면 단풍놀이 팔계리 산답니다. 모두들 궁촌에 와 한 번만 살아보소. 참 좋은 곳이로다."

태룡 씨가 재심 항소심 무죄 판결을 받은 지 두 달이 지난 2016년 8월 어느 날, 태룡 씨네 가족이 나들이에 나섰다. 태룡 씨와 태룡 씨의 아내, 누님과 여동생 내외까지 다섯 식구가 그들의 고향 강원도 삼척에 도착했다. 누님 김순자 씨는 오랜만의 고향 방문에 연신 콧노래를 흥얼거렸다.

"고모가 어렸을 때 불러준 노래예요. 이 동네 노래인데 원평, 팔계리다 우리가 다니던 곳이에요."

순자 씨와 태룡 씨가 어릴 적 땀을 뻘뻘 흘리며 땔감을 이고 지고 팔러 다니던 터널은 관광객들을 위한 레일바이크 코스로 바뀌었다. 이곳뿐이랴. 산골 촌 동네였던 삼척 곳곳이 관광지로 몰라보게 변했다. 그러나 이 동네가 변하는 과정을 직접 볼 수는 없었다. 적어도 30년 전부터 김태룡 씨와 김순자 씨 가족에게 삼척은 갈 수 없는 땅이 되었다.

"삼척은 도저히 올 엄두가 안 났어요. 와봤자 누가 좋다고 반겨주겠어요. 간첩이라고 휘휘 피하기나 하겠지."

삼척을 다시 찾은 것은 무죄 판결을 받고 마음의 짐을 던 후부터였

재심 항소심 무죄 판결 이후 삼척을 다시 찾은 김태룡 씨 가족. © 서어리

다. 삼척 땅 한 곳 한 곳을 밟을 때마다 옛 기억이 언뜻언뜻 살아 돌아왔다. 그러나 포근했던 옛 기억은 이내 어두운 기억으로 바뀌었다. 순자 씨가 산언저리 어딘가를 가리켰다.

"저기가 조비리. 시숙이랑 같이 온 양반이 자폭한 데. 그 양반도 집안 꼬마가 신고해서 집안사람들이 다 끌려갔다지. 어린 아가 뭘 알았겠나."

삼척 시멘트 공장을 지나면서도 혀를 끌끌 찼다.

"여기서도 얼마나 많은 사람이 간첩 누명을 썼을꼬. 우리나라처럼 가짜 간첩 많은 나라가 없다 하대요. 얼마나 웃긴 나라입니까. 여기가."

순자 씨도 '가짜 간첩'이었다. 초등학교도 채 못 마치지 못한 그는 "북괴의 지령에 따라 군사기밀을 탐지 보고하고 소요를 배후 선동했다"는 죄목으로 1심에서 국가보안법 위반 7년형을 선고받고 항소심에서 5년형이 확정돼 감옥살이를 했다.

그녀도 태룡 씨와 마찬가지로 남영동 대공분실로 끌려갔다. "옆 방에 있는 동생을 고문하겠다"라는 조사관들의 말에 못 이겨 시키는 대로 받아썼다.

순자 씨는 그때 조사관들이 한 말을 똑똑히 기억한다고 했다.

"내가 무슨 잘못을 했냐고 바락바락 악을 썼어요. 그랬더니 조사관들이 그럽니다. '목구멍이 포도청이라 우리도 위에서 시키니까 어쩔 수 없다'고요. 그래서 포기했어요. 발악해도 안 되는가보다 체념했어요."

그는 "이제는 무죄를 받았지만, 그래도 고통스러웠던 기억은 평생 떨칠 수 없다"라며 몸서리쳤다.

함께 여행길에 오른 태룡 씨와 순자 씨네 막냇동생 도영 씨는 한창 예민했을 학창시절, 오빠 면회를 다녔다고 했다.

"오빠 만나러 교도소에 가야 하는데, 무섭잖아요. 친한 친구가 같이 가주지 않았으면 절대 못 갔을 거예요."

태룡 씨는 그런 도영 씨를 안쓰러운 눈길로 바라보았다.

"도영이가 어려서 고생했지. 아버지는 곧 사형당하시지, 집안의 수호신 같은 어머니에 언니 오빠까지 다 감옥에 가 있으니 어땠겠어요."

누구보다 서로의 마음을 잘 이해하기에 그들은 서로를 연민한다. 김 씨네 집안 형제끼리만 우애가 좋은 것이 아니다. 간첩 사건 같은 불미스러운 일에 엮였으면 서로를 원망할 법도 하건만, 진 씨와 김 씨 두 집안 사이는 무척 돈독했다. 스스럼없이 서로 안부를 묻고, 김 씨네는 삼척에 올 때마다 진 씨 가족이 살고 있는 갈남 마을에 들른다. 김 씨네는 이번 고향 나들이 길에서도 진 씨 집안을 찾았다. 창식 씨가 태룡 씨를 맞았다.

"나는 그래도 그분(진현식)이 형님이기라도 하지 조카네는 참…….

미안한 마음도 있고, 내 인생이 아무리 기구해도 조카네보다야 덜 억울하지 않는가 하며 삽니다."

"진항식 씨에게 왜 양쪽 집안을 쑥대밭으로 만들었는가 하고 원망을 하다가도 잘 생각해보면, 이해할 수 있는 것 아닌가 싶습니다. 저라도 행방불명된 형이 오거나 동생이 집에 오면 인도적인 차원에서 밥도 주고 잠자리도 줄 겁니다. 국가기관에서 꼬투리를 잡아서 거짓말로 아주 체계적으로 간첩단이라고 만든 게 잘못이지, 진항식 그 분이 한 일은 가족으로서 했던 일이지 간첩 행위라고 보지 않아요. 사실 우리 가족들도 나를 원망했어요. 공부도 한 사람이 왜 사리 분별을 못했느냐고요. 사리 분별을 잘 하려면 아버지를 배척해야 하는데, 저는 그렇게 배척하고 불효하는 인생을 살고 싶지 않아요. 지금도 아버지에 대해선 애절한 마음뿐이지 원망은 없습니다. 그런 점에서 진항식 씨나 아버지도 오히려 불쌍하다는 생각이 듭니다."

그들은 서로를 원망하는 대신 서로의 상처를 보듬고 쓰다듬는 것으로 살아가는 길을 택했다. 그리고 머지않아 다가올 진정한 자유를 기다리는 중이다.

"간첩이라고 사형에 무기징역 내릴 때는 순식간에 해치우더니, 무죄를 받으려니 이렇게나 오래 걸립니다. 재심 1, 2심 결과가 바뀔 일은 없을 거라 믿지만 초조하고 애가 탑니다. 부디 사법부가 과오를 씻어내고 잃어버린 저희의 인권을 회복시켜주기를 바랍니다."[16]

4

간첩 누명, 또 간첩 누명……
여든 노인의 토로

GPS 간첩 사건 피해자 이대식 씨

조작 간첩의 삶은 참혹하다. 고문을 받고, 고문을 피하기 위해 거짓 자백을 하고, 거짓 자백으로 범죄가 성립되고, 범죄자가 되어 결국 철창 안에 갇힌다. 형기를 마치고 사회에 나오거나 설령 법정에서 누명을 벗는다 해도 사회적 낙인은 그대로 남는다. 피해자들은 "인간성이 파괴되는 경험"이라고 입을 모은다.

한 번만으로도 끔찍한 경험을 두 번이나 겪어야 했던 사람이 있다. 1972년 통일혁명당 재건 사건, 2012년 GPS 간첩 사건의 피해자 이대식(79) 씨다. 과거 무기징역을 선고받고 20년간 복역한 그가 또다시 간첩 혐의를 받은 것은 단순한 우연이 아니었다. 간첩죄 전력이 또 다른 조작 간첩 사건의 빌미가 되었다. 분단 체제의 모순에 일생을 송두리째 빼앗긴 이대식 씨의 이야기를 전한다.*

시대를 잘못 타고난 죄

"시대를 잘못 타고난 게 죄라면 그게 내 죄일 겁니다."

이승만 정권 시절에 대학을 다녔다. 위정자의 잘못에 눈감는 것은 지식인의 도리가 아니라 믿었다. 소위 말하는 '운동판'에 뛰어들었다. 1959년 정부에서 대학생들에게 재일동포 북송 반대 데모를 시키자, 뜻 맞는 대학생들과 함께 관제 데모의 실상을 폭로했다. 그리고 이듬해에 4·19혁명이 일어났다. 두말할 것 없이 시위 대열에 나섰다.

이대식 씨는 사립 명문대에서 행정학을 전공한 재원이었다. 그러나 졸업 후 직장 생활은 변변치 않았다. 운동 전력 때문에 행정고시에 응해도 합격할 수 없다는 걸 알고서 고시 공부는 일찍이 포기했다. 무역 회사에 다니다가 서울 제기동에서 부모님이 운영하던 여관을 맡기로 했다.

1972년 2월 16일 아침 5시 30분경, 여관 종업원이 자고 있는 그를 깨웠다. 손님이 왔다고 했다. 객실 쪽으로 갔더니 험상궂게 생긴 남자 두 명이 있었다. 그들은 대식 씨를 보자마자 넙죽 절을 했다. 자신보다 나이도 많아 보이는 사람들이 무작정 절을 하니 엉겁결에 맞절을 했다. 그리고 고개를 든 순간, 눈앞에 총구가 보였다.

● 이하 인터뷰는 2016년 8월 16일, 8월 25일 두 차례에 걸쳐 진행되었다.

"아무 말 말고 따라와."

겁에 질려 가족에게도 알리지 못한 채 그들을 따라갔다. 밖으로 나가니 지프차가 있었다. 그 차를 타고 도착한 곳은 충무로 근처의 적산가옥이었다. 가옥 안으로 들어간 그들은 대뜸 물었다.

"유위하를 알고 있지?"

"모릅니다."

"그래? 그럼 알게 해줘야겠네."

몽둥이로 두들겨 패기 시작했다. 정신없이 맞다 보니 엉덩이 쪽이 끈적거리는 게 느껴졌다. 만져 보니 온통 피범벅이었다. 그걸 본 남자들은 약을 가져와 발라주었다.

"죄는 밉지만 사람은 미워하지 않는다. 이것이 이곳에 들어오는 신고식이다."

그들은 다시 한 번 물었다.

"이래도 유위하를 모르는가?"

정말 처음 듣는 이름이었다. 모른다고 했다. 어떤 사람인지 알려달라고 했다.

"북에서 내려온 간첩 있잖느냐."

"정말 모릅니다."

"네가 아직 북망산천을 가보지 않아 정신이 안 드는 모양인데 구경시켜줘야겠다."

그들은 나무 널빤지를 가져오더니 거기 위에 누우라고 했다.

2부. 조작 간첩으로 살기

"지금 네가 누운 널빤지가 칠성판이다. 사람이 죽으면 이 위에 올려 놓고 염을 하는데, 보통 사람은 삼베나 명주끈으로 염을 하지만, 너는 영광스럽게도 가죽끈으로 염을 해주겠다."

발목과 어깨 네 군데를 가죽끈으로 꽁꽁 묶었다.

"네가 여기서 죽으면 그대로 관에 넣어 묻으면 되고, 만일 살아 돌아 오면 염라대왕이 아직 안 불렀으니 우리에게 협조해야 한다."

그들은 대식 씨 얼굴에 수건을 덮어씌웠다. 경찰서 문전도 가보지 않은 그였다. 난생 처음 당하는 고문에 몸이 부들부들 떨렸다. 그들은 수건 위로 물을 들이부었다. 숨 막히는 고통에 발버둥 쳤다. 그들은 간 헐적으로 물을 부었다. 결국 까무러쳤다.

얼마나 지났을까. 정신이 돌아와 눈을 떠보니 얼굴을 덮던 수건도 사라지고 몸을 묶고 있던 가죽끈도 사라졌다.

"아직 염라대왕이 들어오지 말라고 했나 보네. 이제 우리에게 협조 하지 않으면 너는 또다시 북망산천에 가야 한다. 어떻게 할래?"

"무조건 시키는 대로 하겠습니다."

울며불며 빌었다. 죽음의 코앞에까지 다녀왔다. 당장 죽지 않으려면 다른 선택지가 없었다.

그들은 대식 씨에게 자술서를 쓰라고 했다. 협조를 하고 싶어도, 뭘 어떻게 써야 하는지를 몰라 물어봤다.

"유위하를 1972년 1월 10일경 부산 권양섭이네 집에서 만났고 유위하가 간첩이란 사실을 알고 그와 지하당을 건설하기로 했다고 써라."

"김일성 장군께 메시지를 보내라 해서 써 보냈고, 남북적십자 회담과 비상사태 선포에 대한 여론조사를 한 후 보고해 간첩 활동했으며, 김일성 장군 회갑선물로 우리나라 지도에 만수무강이란 글자를 넣은 자수를 만들어 보냈다고 써라."

대식 씨는 그들이 불러주는 대로 그대로 받아썼다.

백발의 노인이 된 그는 당시를 회상하면 기가 찬다고 했다.

"권양섭 씨가 나에게 급하게 좀 만나자고 해서 그 집에 갔습니다. 거기 어떤 아주머니 한 분이 계셨습니다. 경상도 말씨였고 경북 봉화 사는 권양섭 씨 친척이라고 했습니다. 그 분이 간첩일 줄은⋯⋯."

거짓 진술 받아쓰기는 이게 끝이 아니었다. 일본에 다녀온 이유를 물으면서 "조총련계 이용욱, 이용극 형제와 만나 거기서 간첩 지령을 받지 않았느냐"라고 물었다.

대식 씨는 일전에 그의 아버지가 소장하고 있던 중국 원나라 4대 화가 중 하나였던 왕몽의 산수화를 판매하기 위해 일본으로 건너가 고향 친척인 이용욱, 이용극 형제를 만난 적이 있었다. 그러나 그들을 만난

2부. 조작 간첩으로 살기

것은 그저 골동품을 팔기 위해서였다.

"나는 네 머릿속을 들락날락하는 귀신이다. 왜 나를 속이려 하느냐? 솔직히 시인하면 용서해준다. 자수 간첩들은 전부 석방하는데, 조그만 것이라도 부인하면 자수 간첩으로 보지 않는다. 조총련과 관계된 사실을 전부 자백하면 곧 석방해줄 테니 솔직히 대답해라."

"수사관님은 누구신데 저를 석방시킬 권한이 있습니까?"

"나는 치안국 특수부서에 있는 사람인데 청와대에 직보할 수 있는 사람이니, 너 하나쯤은 죽일 수도 있고 살릴 수도 있다."

"저도 협조하고 싶지만 제 양심을 걸고 고백하는데, 그 사람들이 조총련계인 줄은 몰랐습니다. 그 사람들이 퇴근하면 만나서 동경 화랑가를 함께 다녔을 뿐 정치적인 대화는 일절 없었습니다."

그들은 다시 칠성판을 가져왔다. 저번처럼 얼굴 위에 수건을 덮진 않았다. 이번에는 발가락 사이에 무슨 물건을 끼우더니, 옛날 수동식 전화기를 돌렸다. 몸이 붕 뜬 것처럼 마비되었다. 다시 "원하시는 대로 진술하겠다"라고 빌었다. 이왕 죽을 바에야 차라리 편안히 죽는 게 낫겠다 싶었다.

"일본에서 간첩 교육을 받았습니다."

"진작 자백할 것이지, 피차 힘들게 왜 '작업'을 받고서야 그러느냐."

그들은 "이제서야 네가 참된 국민이 되고 있다"라며 판사 앞에서도 일관되게 진술할 것을 종용했다.

"양심? 인격? 자존심? 그때 그런 건 하나도 중요치 않았습니다. 어차

피 죽을 거면 적어도 덜 고통스럽게 죽고 싶다는 생각밖에 없었습니다. 처음에는 좀 살려고 생에 대한 애착을 가지다가도 나중엔 생을 포기하게 되더라고요. 한마디로 치욕스러운 인간 붕괴 체험을 했습니다. 그때의 악몽이 지금까지도 생생하게 떠오릅니다. 아마 땅속에 묻힐 때까지 결코 잊지 못할 겁니다."

고문보다 비참했던 무기수의 삶

대식 씨가 치안국의 먹잇감이 된 것은 유위하라는 공작원 때문이었다. 그 공작원은 권양섭 씨의 동생이자 대식 씨와 사돈 관계인 권영섭이라는 사람과 연락하고 지내던 공작원이었다. 권영섭 씨와는 집안도 얽혀 있는데다 함께 운동을 했기 때문에 대식 씨는 나름대로 그에 대해 잘 안다고 생각했다. 그러나 그가 북한 쪽 사람과 긴밀히 교류했다는 사실은 전혀 알지 못했다.

"그때 그 아주머니와 이런저런 이야기하다가 어쩌다 4·19 학생 운동 이야기가 나오면서 이승만 정권에 대해 토론하게 됐는데, 사실 깜짝 놀랐습니다. 1960년대 말 시골 아주머니는 정말로 순박하기 짝이 없는데, 대화를 해보니 정치적인 식견이 상당했습니다. 내가 소위 명문 대학 나온 사람이고 외국물이라는 것도 좀 먹었는데, 어떤 점에서는 저보다 수준이 월등한 면도 있었습니다. 그래서 이분은 단순히 촌 아낙네

182   2부. 조작 간첩으로 살기

는 아닐 것 같긴 했습니다. 그런데 워낙 말투며 외모가 경상도 분 같아서 저는 그냥 동향 아주머니라고만 생각했습니다. 누가 공작원인 줄 알았겠습니까. 그 사람은 나를 계획적으로 만났는지 어쨌는지 모르지만, 나는 그 사람의 의도나 신원을 전혀 알 수 없었습니다."

대식 씨를 만난 유위하는 얼마 후 산을 타던 중 굴러 떨어져 기절했고, 당시 그를 발견한 나무꾼이 그의 주머니에서 나온 수상한 물건들을 보고 경찰에 신고했다. 치안국으로 끌려가 남파 간첩임이 들통난 유위하는 남한에서 만난 이들을 줄줄이 내뱉었다. 대식 씨 이름도 나왔다.

치안국에서 대식 씨에게 씌운 혐의 가운데 가장 무거운 것은 북측에 남한 사회에 대한 여론조사 내용을 넘겼다는 것이었다. '군사상의 기밀을 적국에 누설한 자는 사형, 무기 또는 7년 이상의 징역에 처한다'는 내용의 형법 98조 2항이 적용되었다.

순전히 거짓이었다. 대식 씨는 애초에 여론조사를 벌인 적이 없었다. 하지도 않은 일로 누명을 쓴 것도 어처구니가 없지만, 여론조사 결과를 넘겼다는 이유만으로 형법 98조 2항을 적용받게 된 것도 이치에 맞지 않는 일이었다.

"박정희 정권이 위기에 놓이면서 비상사태를 선포했을 때였습니다. 치안국에서는 제가 그때 비상사태 선포에 대해 자본가층, 청년, 인텔리, 노동자 등 계층별로 조사하라는 지령을 받고 여론조사서를 작성했다고 했습니다. 그런데 만약 제가 실제로 조사를 했으면, 조사한 대상이 한 사람이라도 있어야 할 것 아닙니까. 그런데 그에 대한 증거가 없

固定間諜 9개網 32명 檢擧

統革黨再建기도 13년간暗躍

知識人무직자등 포섭

이란에 大地震

당시 사건을 보도한 《매일경제신문》 1972년 4월 11일 자 기사.

습니다. 당연히 있을 리가 없죠. 저는 노동자든 농민이든 아는 사람이 아무도 없었습니다. 그리고 심층 면접인지 객관식인지 구체적인 조사 방법에 대한 설명도 없었습니다. 원심은 이런 데 대한 검증도 없이 이뤄졌습니다."

1심에서 '사형'이라는 극형이 떨어졌다. 1972년 7·4 남북공동 성명이 발표된 지 3일이 지난 뒤였다. 서울구치소(옛 서대문형무소)에 끌려갔다. 그곳에는 국가보안법 위반 정치범들이 150명가량 있었다. 7·4 남북공동성명 발표 이후 그곳에서는 하루도 거르지 않고 '집행'이 이뤄졌다.

그해 겨울, 다행인지 불행인지 고등법원에서 무기징역으로 감형되었다. 매일 죽을 차례를 기다리는 신세에서 죽을 때까지 징역을 사는 신세가 된 것이다.

대식 씨가 투옥된 후로 가족들은 '빨갱이 핏줄'에 대한 대가를 톡톡히 치렀다. 대식 씨의 남동생은 사회학을 공부하려다 정치와 거리가 먼 자연과학으로 전공을 바꿨다. 유학을 가고 싶어도 신원 조회에서

　　　　　　　　　　　　　　2부. 조작 간첩으로 살기

걸려 갈 수 없었다.

여동생은 이혼을 당했다. 여동생의 시아버지는 박정희 대통령 비서실장까지 지낸 이후락의 특별 보좌관이었다. 시아버지에게 '오빠를 살려달라' 부탁했지만, 살려주기는커녕 '빨갱이 집안'이라며 쫓겨나고 말았다. 그 일로 충격을 받은 여동생은 신학을 공부해 목사가 되었다.

"가족들에게는 제가 그저 미안한 마음뿐입니다. 나 하나 때문에 온 가족이 다 안 겪어도 될 불행들을 겪었으니……."

어머니는 감옥살이하는 아들을 부지런히 뒷바라지했다. 아들이 무기수임에도 애착이 대단했다.

"제가 전향서를 안 쓰고 버티고 있으니, 교도관들이 '전향서를 쓰지 않으면 살아서는 못 나간다'고 했습니다. 이 이야기를 들은 어머님이 '내 자식 시체를 먼저 볼 수 없으니 나 먼저 죽겠다'고 하셔서 교도소에서 난리가 난 적도 있었습니다."

대식 씨는 대법원에서 형이 확정되고 수감 생활을 하는 도중에도 고문을 받아야 했다. 전향서 쓰기를 거부한 대가였다. "죄가 없으니 전향할 일이 없다", "난 민족주의자이지 공산주의자가 아니다"라고 했다가 몽둥이로 두들겨 맞기도 했다. 고문보다 비참한 일도 벌어졌다.

"제가 전향서 안 쓴다고 버티다가 맞고 피투성이가 됐는데, 교도관이 제가 죽을까 봐 불안했는지 일반 잡범을 제 방에 넣어주면서 위급하면 보고하라고 했습니다. 그런데 이놈이 피가 떡이 진 저를 계간鷄姦했습니다. 무기수 신세에 이런 말로 다 할 수 없는 치욕까지 겪었지요."

말문이 막혔던 두 번째 간첩 혐의

그는 1988년 전향서를 쓰고 투옥 19년 만인 1990년에야 자유의 몸이 되었다. 무너진 삶을 일으켜 세우는 것은 쉽지 않았다. 어렵사리 일본에 있는 친구를 통해 스포츠 신발 공장 사업을 시작했다. 그땐 한국이 스포츠 신발 분야에서는 전 세계적으로 가장 경쟁력이 있었다. 그러나 성공은 오래가지 않았다. 다른 아시아 국가들에게 임금 경쟁력에서 뒤쳐지면서 신발 사업이 사양화 길로 접어들었다. 그나마 할 수 있는 일이 무역업인데 세계 곳곳 어디를 둘러 봐도 한국인이 깃발을 꽂지 않은 데가 없었다. 딱 한 군데 빼고. 바로 북한이었다. 대식 씨는 1994년, 대북 사업에 눈을 돌리기 시작했다.

국가정보원에 있는 후배들에게 대식 씨가 대북 사업을 해도 될지 문의했다. 대식 씨가 대표이사는 될 수 없다는 답변이 왔다. 아내 이름을 빌려 '대동무역'이라는 회사를 차리고 본격적으로 주류 사업을 시작했다. 이땐 몰랐다. 대북 사업이 다시금 간첩 혐의를 쓰게 되는 빌미가 될 줄은⋯⋯.

2012년. 아침 일찍 출근하기 위해 현관문을 열었을 때였다. 누군가 휙 낚아채더니 체포 영장을 들이댔다. "일단 같이 가고, 아무런 죄가 없으면 선생님을 풀어드리겠다"라고 했다. 바깥을 보니 건장한 남자 스무 명이 집을 둘러싸고 있었다. 기시감이 들었다. 말문이 막혔다.

순식간에 집에 난입한 남자들은 곳곳을 뒤지기 시작했다. 중학생이었던 딸들은 놀란 마음에 학교도 가지 못했다.

"아버지는 죄가 없다"라며 딸들을 다독인 뒤, 그들을 따라갔다. 서울 옥인동 보안분실이었다.

"GPS(위치정보시스템) 자료를 북한에 넘긴 적이 있습니까?"

"그게 무슨 말이요?"

"연세도 많고 하니 솔직히 이야기하면 좀 봐드리겠습니다."

조사관들의 말마따나 일흔이 훌쩍 넘은 노인이었다. GPS가 뭔지도 잘 몰랐다. 저들은 '인정하라'고 했고, 대식 씨는 '모르는 일'이라고 했다. 평행선 같은 대화가 반복해서 오갔다.

그 이튿날 구속영장이 떨어졌다. 언론은 그를 거물 간첩으로 보도했다. '비전향 장기수'라는 잘못된 내용까지 섞여 있었다.

"GPS 전파 교란기술 北에 빼돌리려던 2명 구속… 비전향 장기수 출신 70대 포함"(《국민일보》, 2012.5.30.)

"GPS 교란기술 등 북에 넘긴 고정간첩 최고위층 구속"(《뉴스원》, 2012.5.30.)

서해안에 GPS 신호 이상이 문제되던 시기였고, 19대 대선이 반년 밖에 남지 않은 상황이었다. 언론은 GPS 신호 교란의 배후에 이 사건 연루자들이 있을 수 있다는 의혹을 제기했다. 출소 후 사업에 몰두하던 그가 어쩌다 다시 간첩으로 몰리게 되었을까.

2년 전인 2010년. 이대식 씨는 뉴질랜드 교포 출신인 한 남자를 만났다. 사이먼 김. 한국 이름 김반석. 대북 사업 통로로서 그동안 공식

접촉해온 북한 민족경제협력연합회(민경연)의 부대표가 '아는 사람이 있는데 사업차 만나보라'며 연결해준 사람이었다.

"외모로 봐선 상당히 신실해 보였습니다. 자기 과거를 죽 이야기하면서 군납업을 했고, 북한을 수시로 드나든다고 했습니다. 그러면서 자기가 북한을 자유롭게 다녀올 수 있으니 대북 사업을 하고 싶으면 자기가 계약을 따다 주겠다고 했습니다. 해외동포위원회에서 뉴질랜드 연합회 사무국장을 맡고 있다고 했고, 아마 그래서 북쪽에서 사이먼 김을 신뢰했던 것 같습니다."

시험 삼아 여비를 줄 테니 송이버섯 사업 양해각서 MOU를 받아 와달라고 했다. 얼마 지나지 않아 정말로 각서를 받아왔다. 시험대를 완벽하게 통과한 셈이었다. 대북 실무 업무는 사이먼 김에게 믿고 맡기기로 했다. 단둥에 사무실 용도로 쓸 60평대 아파트도 구해줬다. 돈은 대식 씨가 내고, 명의는 사이먼 김으로 했다.

좋은 관계는 얼마 가지 못했다. 수익 배분 문제로 사이가 틀어졌다.

"송이버섯은 9월이면 매일매일 나옵니다. 그런데 생물이다 보니 관리가 힘듭니다. 어떤 날은 많이 내보낼 수 있는데, 또 어떤 날은 팔 수 없기도 합니다. 매일 결산하면 안 되고, 한 달 치를 합산해서 따져야 합니다. 그래서 제가 처음에 사이먼 김에게 '북쪽과 연결만 해주는 조건으로 한 달 이윤의 40%를 주겠다'고 했습니다. 그랬더니 사이먼 김은 결산을 매일 해달라고 하는 겁니다. 저도 사업 하는 사람인데, 뻔히 보이는 손해를 감당할 이유는 없었습니다."

2부. 조작 간첩으로 살기

바로 결별 수순을 밟았다. 아파트에서 나가라고 했다. 그러나 사이먼 김은 도리어 대식 씨에게 나가라고 했다. 자기 명의라는 것이었다. 화가 난 대식 씨는 중국 국정원에 해당하는 국가안전부에 다니는 아는 사람에게 이 일을 이야기했다. 곧 공안에서 사람이 나와 사이먼 김을 조사했다. 잡아넣겠다는 말에 그제야 사이먼 김은 계약을 바꾸고 아파트에서 나갔다.

"이때부터 저에 대한 모함이 시작된 것 같습니다. 사이먼 김이 내통하던 국정원 직원이 있는데 제가 예전에 간첩죄로 감옥 살다 나온 걸 알고 그걸 바탕으로 교묘하게 거짓말을 꾸며낸 것 같습니다."

검찰이 제시한 대식 씨의 혐의는 '2011년 7월 중국 단둥에서 북한 공작원으로 추정되는 40대 남자로부터 NSI 4.0 300V, 고공관측레이다(4만~6만 미터), 전파교란 장비, 전파 감지기 등을 구입하라는 지령을 받은 뒤 사이먼 김에게 구해보라는 지시를 내렸다'는 것이었다. 증거는 사이먼 김의 진술이었다.

"신발 사업하고 송이버섯 사업하던 제가 무기를 뭘 알겠습니까. NSI라는 걸 사이먼 김한테서 처음 들었습니다. 돈이 된다기에 한 번 알아보기나 했습니다."

대식 씨는 출소 이후 어렵게 생활한 이후로 돈이 되는 것이라면 닥치는 대로 다 했다. 특히나 늦둥이 딸들을 보면서 더 늙기 전에 돈을 모아야겠다고 생각했다. 그런 그에게 사이먼 김은 군대에 물자를 납품하면 큰돈을 벌 수 있다며 NSI 4.0이라는 장비 거래를 추천했다.

지인 가운데 그나마 알 만한 손성현이라는 사람에게 NSI 4.0이라는 게 무엇이며, 구매가 가능한지 알려달라고 연락했다. 메일이 왔다. NSI 4.0을 판매하는 회사 홈페이지 주소가 적혀 있었다. 이 사람 또한 NSI 4.0이 어떤 것인지 구체적으로 잘 알지 못하는지 홈페이지 주소만 안내할 뿐, 별다른 설명은 하지 않았다.

사이먼 김은 "북한 고위층 자제라는 불상의 40대 남자를 아파트에 데리고 왔으며, 그다음 날 아침에 이대식이 NSI 4.0 장비를 구할 수 있느냐고 물었고, 그러면서 손성현이 보낸 메일을 보내주었다"라고 검찰 진술했다.

이는 어불성설이었다. 사이먼 김이 공작원으로 지목한 40대 남자가 아파트에 찾아온 것은 2011년 7월 15일 이후였다. 만일 공작원이 먼저 구해달라고 요구한 것이라면, 그 이후에 이대식 씨가 손성현 씨에게 문의를 했어야 했다. 그러나 둘의 통화 시각은 2011년 7월 14일이었다.

사이먼 김은 이 부분에서 진술도 오락가락했다. 이대식 씨가 사이먼 김 본인에게 지령을 내린 날이 북한 사람이 다녀간 날인 15일이라고 했다가, 또 어떤 때는 북한 사람이 다녀간 다음 날인 16일이라고도 하는 등 진술에 일관성이 없었다.

이대식 씨의 변호인들은 이러한 점을 조목조목 짚었다. 대식 씨 1심 변호인단 가운데에는 대표적인 '공안통'으로 알려진 황교안 현 총리도 있었다. 변호인단은 유일한 증거인 사이먼 김 진술의 논리적 모순점을 지적하는 동시에, 이대식 씨가 탐지 수집하려 했다는 물품이 국가 기밀

2부. 조작 간첩으로 살기

에 해당하는지도 따졌다. 국가 기밀이 되기 위해서는 일반인들이 손쉽게 취득할 수 없어야 하고, 또 그 내용이 누설될 경우 국가 안전에 위험을 초래할 우려가 있어야 했다.

이에 대해 NSI 회사 부사장은 "NSI 4.0의 직접 용도는 안테나의 정밀도를 측정하는 것이며 용도가 제한되어 있는 것이 아니라 군사용과 상업용 어느 쪽으로도 사용 가능하다"라며, "다만 가격이 높아 개인적으로 구입하기는 어렵고 대기업이나 정부, 군 기관 등에서 주로 구입한다"라고 진술했다. 국가 기밀로 보기 어렵다는 것이었다.

결국 재판에서도 이러한 점들이 인정되었고, 이대식 씨는 1심에서 3심까지 모두 무죄를 받았다. 함께 기소된 사이먼 김 역시 국가보안법 위반 혐의에 대해서는 무죄를 받았다.

그런데 여기서 짚고 넘어가야 할 부분이 있다. 사이먼 김은 본인이 공동피고인이 될 줄 알면서도 왜 이대식 씨의 범행을 진술한 걸까? 상식적으로 납득이 잘 가지 않는 부분이다.

"저도 확실한 건 잘 모르겠습니다. 그런데 재판 중간에 잠깐 말할 기회가 생겨서 제가 사이먼 김한테 '내가 너와 뭐 그렇게까지 원수진 게 있느냐, 네가 어떻게 기름 치고 불 속에 들어가려 하냐'고 하니, 사이먼 김이 '난 괜찮다'라고 하더라고요. 그래서 '아 저 자는 든든한 뒤가 있구나' 하는 생각을 했습니다. 사이먼 김이 국정원에 연이 있지 않습니까? 추측을 해보자면, 그 사람이 사이먼 김에게, 너도 이대식과 같이 범죄자가 되지만 곧 빼주겠노라고 말한 게 아닐까 싶습니다."

지난 2016년 6월 대법원 최종 무죄 판결을 받으며 대식 씨는 다시금 자유를 되찾았다. 이번엔 전처럼 조사 과정에서 고문도 받지 않았고, 유죄 판결도 받지 않았다. 그러나 그의 삶은 다시 손쓸 수 없이 망가져 버렸다. 원래도 대북 사업을 하느라 딸들과 많은 시간을 함께하지 못했다. 이 사건 이후로 부녀간의 골이 더 깊어졌고, 급기야 딸들은 아버지로부터 등을 돌렸다.

"누가 살면서 두 번씩이나 간첩으로 몰릴 거라고 생각하겠습니까. 억울한 걸 생각하면 가슴이 찢어질 것 같습니다. 과거 전력이 이렇게 다시 저를 옥죈 셈입니다. 우리 사회는 민주화가 되려면 정말로 아직 요원합니다."

그는 더 늦기 전에, 법원에 과거 사건에 대해서도 재심을 신청할 계획이다.

"그간은 대북 사업 때문에 엄두도 못 내고 있었습니다. 그런데 지금이라도 지긋지긋한 보호관찰을 벗어나려면 진실을 밝혀야겠다는 생각이 듭니다. 두렵습니다. 과거는 다시 회상하고 싶지 않은데, 재심 준비를 하려면 불가피하게 다시 반추해야 할 테지요. 두렵고 끔찍합니다. 재심 결과도 함부로 추단할 수 없습니다. 하지만 제 마음 속 양심으로는 나는 분명히 죄가 없기 때문에, 재판부 또한 무죄 판결을 내리리라는 확신이 있습니다. 길고 길었던 억울한 시간을 이제는 끝내고 싶습니다."

3부
분단 공포 넘어서기

1

간첩 조작부터 해킹까지,
국정원은 무엇을 위해 존재하나

간첩 조작 사건 피해자, 유우성·김관섭 대담

여든하나, 서른여섯. 45년이란 세월을 사이에 둔 두 남자가 만났다. 적잖은 나이 차이에 첫 만남인데도 이들은 서먹함 없이 서로 손을 마주 잡았다. 두 사람 사이에는 끈끈한 유대감이 흘렀다.

두 사람을 하나로 묶는 공통점이 있다. 탈북자라는 점, 그리고 남한에 내려와 간첩 의심을 받았다는 점이다. 40년 전 대성공사에서 고문을 당하며 3년 6개월간 수용 생활을 했던 김관섭 씨, 그리고 2014년 세상을 떠들썩하게 했던 '서울시 공무원 간첩 사건'의 유우성 씨다.

40년 세월을 뛰어넘어 국가 정보기관으로부터 비슷한 피해를 당한 두 사람은 서로를 보며 한탄했다. '아직도 나와 같은 피해자가 있다니', '한 사람의 인생을 망가뜨려 놓고 지금까지 국가가 아무런 책임도 지지 않다니'. 40년 넘게 이어지는 간첩 조작, 정부에 의존하는 탈북자 사회,

탈북자 수용기관의 개선 방향, 그리고 국정원 해킹 사건 등 지난 2015
년 여름에 이들이 나누었던 이야기를 전한다.

간첩 조작 사건, 이것이 끝이 아니다

서어리 우선 유우성 씨에게 질문을 드리겠다. 기사를 통해 김관섭 씨
의 이야기를 접한 소감이 어땠나?

유우성 간첩 조작 사건은 최근에 불거진 문제가 아니다. 대한민국에
정부가 세워지면서, 정보기관이 만들어진 이후로 이런 사건들이 줄지
어 나왔다. 들여다보면 수법들이 비슷하다. 그런 조작 사건들이 수십
년에 걸쳐 재판 등을 통해 밝혀졌으면 바로잡혀야 하는데, 그렇지 않았
다. 조작을 지시하거나 가담한 사람들은 높은 위치에서 승승장구한다.
반면 김관섭 씨 같은 피해자들은 기초생활보장 수급자로 살아가는 등
바닥 신세를 면치 못한다. 부단하게 개선하려 노력하는 사람들은 보복
형태로 사회에서 매장 당한다. 이런 부조리한 상황을 견디기가 참 힘
들다.

간첩 조작 사건은 30년 전에도 일어났고, 지금도 일어나고, 앞으로도
일어날 가능성이 있는 일이다. 지금 당장 내 일이 아니라 할지라도, 30
년 뒤에 내 자식들한테 안 일어난다는 보장이 없다. 나를 비롯한 피해
자들은 이런 역사가 반복되지 않기를 바랄 뿐이다.

3부. 분단 공포 넘어서기

서어리 김관섭 씨는 평소에 유우성 씨 기사를 많이 접했다고 했는데, 역시 소감을 들려달라.

김관섭 우성 씨 말에 동감한다. 과거 40~50년 전이나 지금이나 대한민국이 탈북자를 보는 시각은 조금도 변함이 없다. 정보기관에 있는 사람들은 자기 명성과 특진을 위해서 죄 없는 사람을 간첩으로 만드느라 가혹 행위를 한다. 그런데 이런 간첩 사건은 투명하게 밝혀지기가 힘들다. 국가가 자꾸 진실을 감추려고 하기 때문이다. 고쳐야 한다는 의식 자체가 별로 없는 것 같다.

대한민국을 적대시한 일도 없는데, 불행한 일을 당했으니 내가 대한민국에 잘못 왔다는 생각이 들지 않겠나. 이건 단순히 내 문제만이 아닌 탈북자 전체의 문제다. 더 이상 억울한 탈북자들이 나오지 않도록 국회와 언론, 사법부가 나서주면 좋겠다.

서어리 유우성 씨는 국가보안법 관련 재판을 포함해 여러 소송이 진행 중인 걸로 알고 있다.

유우성 총 7~8개 소송이 동시 진행 중이다. 최근 외환거래법 관련 재판에서 유죄 판결[17]을 받았다. 이미 5년 전에 기소유예 판결을 받은 것을 검찰이 보복 기소한 사건이다. 왜 보복을 했느냐 하면, 정보기관의 조작이 재판을 통해 밝혀진 게 내 간첩 사건이 처음이어서, 국정원과 검찰의 체면이 한순간에 바닥에 떨어진 셈이기 때문이다. 조작이 밝혀졌으면 사과를 해야 하는데, 체면을 살릴 목적으로 다시 피해자에게 칼을 든 것이다. 안타깝게도 재판부는 국민배심원의 판단과 달리 유죄를

대담을 나누는 유우성 씨와 김관섭 씨.
© 최형락

선언했다. 사법부 역사에 오점으로 남을 거란 생각이 든다.

정상적인 생활로 돌아가고 싶은데, 검찰이 2심에서 난 간첩죄 무죄 판결에 불복해 다시 항소하는 바람에 3년 가까이 재판만 하고 있다. 제 사건이 워낙 뉴스에서 크게 다뤄졌던 터라, 경제적인 생활을 할 수가 없다. 일반 회사에 취직하는 건 물론이고, 예전에 했던 중국어 과외는 이제 학부모들이 부담스러워한다. 심지어 편의점 아르바이트도 할 수가 없다. 나도 어느 순간부터 포기하게 되었다. 나의 부담을 고용인까지 질 필요는 없을 테니 말이다.

사과 한마디 받지 못한 상태에서, 검찰의 계속되는 항소로 고통스러운 나날을 보내고 있다. 약자인 내가 할 수 있는 것은 하나도 없다. 재판에 오라면 오고, 가라면 간다. 언제 내 생활이 예전처럼 돌아갈 수 있을지 모르겠다. 이렇게 경제생활 하나 못하고 버티는 것도 한계에 다다른 상태다. 큰 꿈을 갖고 한국까지 왔는데, 평범한 삶조차 누릴 수 없으니……. 그냥 남들처럼 평범하게 먹고 살 수만 있으면 좋겠다. 작지만

3부. 분단 공포 넘어서기

너무나도 간절한 소원이다.

서어리 김관섭 씨의 경우, 30년도 더 지난 일을 이제 와서 공론화하고 소송까지 하는 이유는 무엇인가.

김관섭 북한에서 40년간 군 생활을 하면서 법에 대한 상식이 전혀 없었다. 북한은 법 위에 당이 있는 구조였기 때문이다. 그러니 한국에 와서도 내 억울함을 법으로 해결할 수 있다는 생각 자체를 못했다. 그리고 무섭기도 했다. 대성공사에서 3년 6개월 동안 워낙 혹독하게 당하다 보니, 정보기관 직원이나 정부의 심기를 거스르면 다시 끌려갈 거라고 생각했다. 그런 반면에, 아이러니하지만 한국에 와서 알게 된 남한 사람들이 다 정보기관 직원들 아닌가. 3년 6개월 만에 사회에 풀려 나오니 입막음용으로 수시로 접근해서 밥을 사주고 술도 사주었다. 거기에 현혹이 돼서 스스로 억울함을 묻었다. 그러다 언제 죽을지 모르는 나이가 다 되니 용기가 난 것이다. 남은 인생에서 이것만은 해결하고 죽겠다는 다짐을 하게 되었다.

서어리 인권유린은 안타깝지만, 그래도 간첩 색출을 위해서는 탈북자에 대한 가혹 행위나 압박 조사가 불가피하다는 의견도 많다.

유우성 많은 분들이 오해한다. 북한 사람들이 남한에 오면 새로 국적을 취득하는 게 아니다. 북한 사람도 원래 대한민국 국적을 갖고 있다. 합신센터에서는 북한이탈주민 보호·정착지원법상 보호 대상이 되는지를 가려낼 뿐이다. 복지 등 지원 혜택을 줄지를 결정하는 것이다. 탈북자들이 남한에 오는 것은, 쉽게 생각하면 서울에서 사는 사람이 부산으로 이사하는 것과 같다. 그런데 조사를 받는다. 단순한 이사인데 어떤 문제가 있을 것을 전제로 부당한 방법으로 추궁당한다. 국정원 직원들은 남한 법이나 제도 같은 건 하나도 모르는 갓난아기 같은 사람을 가둬두고 폭언을 퍼붓는다. 자칫 잘못하면 여기서 죽을 수도 있겠다는 공포감이 드는데, 제대로 된 진술을 할 수 있을까. 그리고 조사관들이 수시로 와서 자기한테 잘 보이면 부와 자유를 줄 수도 있다는 식으로 이야기한다. 또 앞으로 남한 생활을 다 보장해준다고도 한다. 그러면 상대방이 원하는 진술을 할 수밖에 없지 않을까.

지금은 과학이 고도로 발전한 시대다. 북한 해킹 기술이 상위권이라는데, 굳이 간첩을 내려 보낼 필요 없이 원거리로 다 해킹하지 않을까. 힘없고, 가족도 없는 탈북자들을 의심하고, 정권의 선전 도구로 이용하려 들 게 아니라 차라리 온라인 보안 체계를 강화하는 게 나을 것 같다. 우리는 북한에서 태어나고 싶어서 태어난 게 아니다. 자유를 찾아 남한에 올 자유도 있다.

김관섭 우리 정보기관 직원들은 북한에 대해 잘 모르는 것 같다. 그래서 강압적인 방법을 쓰는 거다. 내 경우도, 이성 문제로 진급을 못해 남한으로 넘어왔다고 하니 '귀순 동기가 말이 안 된다'면서 고문을 한 것이었다. 북한과 남한의 차이를 모르고 조사를 하니 말이 통하겠나. 그러니 엉뚱한 감옥살이를 시키고 거짓말탐지기를 쓰는 말도 안 되는 일이 일어난다. 그런 식으로 조사를 받고 나면 누가 국가에 충성을 하겠나. 탈북자들을 인간 이하로 얕보는 사고를 버려야 한다. 그리고 심문관들의 권한을 제한하도록 법을 고쳐야 한다.

서어리 중앙합동신문센터, 지금의 북한이탈주민보호센터 같은 수용기관이 없어져야 할까.

유우성 조사 자체에 반대하는 건 아니다. 다만 탈북자들의 인권이 보장되는 방향으로 개선되어야 한다. 북한과 남한의 법, 제도 등의 차이를 설명하고, 변호사 조력권을 제공하고, 국정원 수사관들만 독단적으로 수사할 게 아니라, 민간인, 사회복지사 등이 참여해 조사가 아닌 상담 식으로 하면 좋지 않을까 한다. 조사실 독방에 사람을 가둬두고, 열흘 동안 일대일 일문일답만 반복하면 사람들이 두려움에 빠지지 않을수 없다.

선진국 중에서 유일하게 분단국인 나라가 대한민국이다. 탈북자들이 남한에서 잘 정착하도록 도와야 통일에 더 가까워지지 않을까 한다. 분단의 아픔이 해소되는 방향으로 통일부나 국회가 제도나 사회적 인식을 잘 이끌면 좋겠다.

서어리 독방 조사 등 탈북자 조사 과정이 힘들다면 정부나 국가기관에 대한 반감이 클 만도 한데, 대다수 탈북자들은 오히려 협력적인 관계를 유지한다. 이 점이 의아한 대목으로 보일 수 있을 것 같다.

유우성 탈북자들은 합신센터를 통해 나와야지만 정부에서 주는 지원금을 받고 정착할 수 있다. 가진 것도 없고, 아는 사람도 없는 사회적약자이기 때문에 정부에 의지할 수밖에 없는 것이다.

북한에서 받은 세뇌도 한 몫 한다고 본다. 북한에서는 정권을 반대하면 목숨을 버려야 한다. 그런 생각이 남한에 온다고 쉽게 바뀌진 않는다. 그런데 합신센터와 하나원을 거치면서 더욱 국가에 충성해야 한다는 세뇌를 받는다.

민간 사회로 나오면, 담당 형사가 항시적으로 붙어 있다. 만일 정부 뜻에 반하는 행동을 하면 보복을 당한다. 차라리 눈 가리고 귀 막고, 강자 밑에서 사는 게 편하다. 잘 살려고 한국에 온 것일 테니까. 안타까운 현실이다.

김관섭 그렇다. 탈북자들은 정부 그늘 밑에서 살고 있다. 그 밖을 벗어나질 못한다. 그리고 정부는 자꾸만 탈북자들을 궁지로 몰아넣는다. 우성 씨 사건처럼 대대적으로 떠들어대면, 탈북자들은 '나도 간첩으로 보지 않을까' 하고 불안해하고, '혹시 네가 간첩인가' 하고 서로 불신한다. 탈북자들의 인권이 정부한테 달려 있는 셈이다. 북한도 그렇지만 대한민국도 그에 못지않게 인권 문제가 심각하다는 걸 깨달아야 한다.

서어리 국정원 등 정보기관 직원들이 탈북자 조사기관을 나온 탈북자들을 구체적으로 어떻게 관리하는가.

유우성 북한과 연계되거나 정보 이용가치가 있다고 생각하면 국정원 직원들이 개별적으로 연락한다. 아무래도 탈북자들은 한국에서 의지할 데가 없으니 그 사람들과 같이 밥도 먹고, 용돈도 받고 유대감이 형성되면서 '형 동생 하는 사이'가 된다. 그리고 기술 없이 북에서 나온 사람들은 취직하기 힘드니까, 국정원이 일자리에 꽂아주기도 한다.

김관섭 고문이 끝난 뒤엔 나도 국정원 직원들이랑 같이 술도 마시고,

방책 전선에도 같이 서서 반공통일 안보 강연도 했다. 그 사람들이랑 형 동생 했는데, 나에게 베푸는 친절이 영원한 게 아니었다. 조금만 수틀리면 바로 태도를 바꾸고 오리발을 내밀었다. 그저 특진에 눈이 어두운 사람들이었다. 요새도 맨날 기무사 사람들한테 건강하시냐며 전화가 온다. 그럼 나는 괘씸해서 '건강 못하다. 남산 정보부에서 얻어터진 것 때문에 물리치료 받는다'고 해버린다.

국정원은 대체 뭘 하는 곳인가

서어리 국정원 해킹 사건에 대한 논란이 진행되는 가운데 국정원 직원이 스스로 목숨을 끊는 안타까운 일도 있었다. 유우성 씨 사건 때도 비슷한 일이 있었던 걸로 기억한다.

유우성 황당하다. 사실 한창 항소심 재판 준비 중일 때 내 휴대폰에서도 자동으로 파일이 삭제되고 그런 일이 있었다. 그게 국정원 해킹 방식이랑 비슷한 것 같아서 혹시 몰라 문의를 해놓았다.

내 사건에선 증거 조작 당사자로 지목된 국정원 직원이 번개탄을 피우고 자살 기도를 했다. 결국 그 한 사람의 일탈로 결론이 났고, 그 직원은 재판에서 징역 4년을 받은 걸로 끝났다. 나머지 가담자들은 '잘 몰랐다'는 등의 이유로 면죄받았다.

해킹 사건도 국정원 자체의 문제라기보다 한 사람의 일탈 문제로 다 몰아갔다. 전례도 있었으니, 조직 차원에서 알게 모르게 그렇게 한 사람한테 총대를 메게 한 게 아닐까 하는 생각이 든다. 계속해서 국정원과 관련된 문제가 발생하니, 국정원이 대체 뭐하는 곳인지 일반 국민이 보기에도 의심스러울 것 같다. 언젠가 진실이 밝혀지겠지만, 검찰 수사는 결코 투명하지 못할 거라 본다. 더 많은 국민이 관심을 가져주셔야 진실에 다가갈 수 있을 것 같다.

서어리 국정원 관련 사건을 지켜보면서, 국민들이 국가 안보 수호라는 이름 아래 많은 것들이 희생되고 있다는 걸 자각하고 있다. 사건 당사자로서 어떻게 생각하나.

유우성 가장 절실히 느꼈던 게 국가보안법 폐지다. 국가 안보가 중요하긴 하지만, 그와 관련된 처벌 조항은 이미 형법에도 다 나와 있다. 그런데 국가보안법이 따로 존재해 이중 잣대로 작용한다. 국가보안법이란 것 자체가 한국밖에 없는데다, 적용 기준도 모호해 문제가 많다.

현재 북한과 관련된 법은 형법, 남북교류협력법, 국가보안법 세 가지다. 모두 동일한 내용을 담고 있지만 처벌 규정은 다르다. 가장 형량이 낮은 게 남북교류협력법이고, 가장 높은 게 국가보안법이다. 탈북자가 북한에 있는 가족에게 송금하는 경우, 똑같은 혐의인데도 남북교류협력법을 적용하면 벌금 몇 백만 원 정도로 끝난다. 형법에서는 3년, 그리고 국가보안법에서는 최소 7년이다.

간첩 사건에서 검찰은 내게 국가보안법 위반으로 7년 형을 구형했다. 국가보안법상에는 간첩죄를 조작할 경우에도 똑같이 처벌을 받아야 한다는 조항이 있는데도 불구하고, 내 사건의 가해자들은 형량이 비교적 적은 형법으로 처벌을 받았다. 대상에 따라 적용 잣대를 바꾸는 게 과연 현명한 법 집행인지 의문이 든다.

애초에 국가보안법이 존재하는 것 자체가 의문이다. 그저 남북 갈등 상황을 이용해 기소권을 가진 자들이 권력을 남용하는 것으로밖에 보이지 않는다. 안타까운 일이다. 노무현 정권 당시 국가보안법을 폐지하는 데 실패했지만, 지금이라도 정부 당국이 폐지하는 방향을 검토해야 한다고 본다.

서어리 마지막으로 대한민국 정부와 국민에게 하고 싶은 말이 있다면 해달라.

김관섭 30년 넘게 안보 강연도 하면서, 나름대로 자유민주주의와 국가 안보 수호에 기여해왔다고 생각한다. 앞으로도 변함없이 그 길을 걷고 싶다. 다만 서로 좀 더 단합하는 자세를 가진다면 통일에 가까워지지 않을까 생각한다.

유우성 민주주의는 하루아침에 만들어지는 게 아니다. 투쟁하며 피 흘린 수많은 선배들이 있었기에 지금의 민주주의와 지금의 인권이 만들어졌다고 생각한다. 그러한 민주주의를 훼손하지 않고 더 좋은 제도로 만들기 위해 모두 노력해야 할 것이다.

소수 몇몇이 돌진한다고 해서 해결되는 문제가 아니다. 문제의 싹을 잘라내지 않으면 싹은 다시 자라서 또 다른 피해자를 만들게 된다. 근래 일어나는 여러 조작 사건, 국가 폭력 사건, 세월호 사건을 비롯한 사

40년 세월을 뛰어넘어 국가 정
보기관으로부터 당한 피해를
공유한 김관섭 씨와 유우성 씨.
© 최형락

건들에 더 많은 국민이 관심 갖고 목소리를 내야 바로잡을 수 있다고
믿는다. 함께 더 좋은 대한민국을 만들어나가기를 바란다.

2

대선 부정, 유우성 사태, 국정원
그리고 박근혜 정부*

최병모 변호사가 말하는 국정원 개혁

과거부터 이어진 수많은 간첩 조작극을 통해 드러난 바는 명료하다. 간첩은 국가권력의 필요에 의해 철저히 기획·가공될 수 있다는 점, 그리고 이 조작극을 위해 국가정보원과 검찰이 동원된다는 점이다. 그렇다면 이 같은 국가권력에 의한 인권유린 사태를 막으려면 무엇을 해야 하는지 또한 명료하다. 바로 국정원과 검찰을 개혁하는 것이다.

'조봉암 사건' 등 굵직한 공안 사건을 뚝심 있게 파헤쳐온 최병모 변

• 이 글은 '서울시 공무원 간첩 사건'이 한창이던 2014년 3월, 당시 민주사회를 위한 변호사모임 민주주의 수호 비상특위 위원장이었던 최병모 변호사를 인터뷰한 내용이다.

호사는 현 정부 들어서 국정원 관련 논란이 많은 만큼, 지금이야말로 대공수사권 폐지를 뼈대로 한 국가정보원 개혁과 독립 수사전담기구 신설을 중심으로 한 검찰 개혁 등을 진지하게 논의해야 한다고 했다.

수십 년간 계속된 '엉터리' 수사와 재판

서어리   서울시 공무원 간첩 사건이 증거 조작 사건으로 비화하였다. 이 사건을 어떻게 봐야 하는가.

최병모   한마디로 '조작 간첩 사건'이다. 조작 간첩 사건은 그동안 셀 수 없이 많았다. 정권마다 위기 국면 조성을 위해서 국민을 희생시켰다. 민주화의 결과로 1990년대 이후로는 조작 간첩 사건이 많이 줄었지만, 결국 이번 정부 들어서 또 등장했다. 유우성 씨 사건의 경우 박근혜 정권의 정통성 상실과 연관이 깊다. 선거 부정 이야기를 꺼내지 않을 수 없다. 선거 부정행위를 덮기 위해 국정원이 사건을 만든 것으로 보아야 한단 이야기다.

박 대통령은 거의 20년 동안 박정희 전 대통령 곁에 있으면서 자신의 아버지가 정권을 장악해 강압 통치와 10월 유신을 하고, 암살을 당하는 모든 과정을 지켜보았다. 자신의 본보기가 아버지다. 박 대통령은 과거에 대해 근본적으로 사과하거나 객관적으로 논평한 적이 없다. 국정원 입장에서 박 대통령의 집권은 전신인 중앙정보부를 만든 주체의

최병모 변호사. ⓒ 최형락

딸이 집권했음을 의미하는 것이나 다름없다. 박정희 정권과 박근혜 정권이 같은 성격의 정권이라고 믿는 데 별로 어려움이 없을 것이다. 이 때문에 국정원에서는 박근혜 정권을 창출하기 위해 부정선거를 앞장서서 하지 않을 수

없었을 것이다.

서어리 모든 간첩 사건이 조작인 것은 아니다. 과거에는 간첩이 실제로 존재하기도 했다.

최병모 박정희 정권까지는 김신조 사건 같은 실제 간첩 사건이 꽤 있었다. 북한이 1980년대 전까진 적화통일 목표를 분명히 했다. 실제로 적화통일이 가능하다고 생각할 수 있었던 것은 그 당시 북한의 국민소득이 우리보다 높았기 때문이다. 그리고 국제적으로 북한이 사회주의 성공 사례로 선전되기도 했다. 그러다가 1980년대 들어서면서 남북 간 경제력이 뒤집어졌다. 1980년 북한 김일성 주석이 노동당 대회에서 '고려민주연방공화국창립방안'을 제안했다. 남과 북이 각자 다른 체제를 유지하면서 상호 상대방의 체제를 인정하고 연방제 형태로 통일하자는 것이다. 북한의 경제력으로는 무력으로 적화통일을 할 가능성이 희박해졌다는 것을 북한 스스로 인정한 셈이었다.

북한이 적화통일을 거의 포기하면서 더불어 1980년 이후부터 북한의

남파간첩도 줄었다. 그런데 12·12 쿠데타와 5·18 광주민중항쟁을 거치면서 전두환 정권이 집권했다. 그러면서 다시 간첩 사건이 어마어마하게 늘어났다. 그 사건들 대부분이 위기 조성 차원에서 만들어진 조작 간첩 사건들이었다.

서어리 과거에도 조작 간첩 사건은 많았다. 그러나 유우성 씨 사건처럼 재판 도중에 조작 사실이 밝혀져서 국정원과 같은 정보기관이 사실상 시인한 전례는 없었다.

최병모 없었던 게 당연하다. 옛날에는 재판에서 변호사가 정상적으로 변론권을 행사할 수 없었다. 1970년대 유신 정권 때나 1980년대 전두환 정권 때는 변호사가 변론하려고 하면 안기부에서 불러서 "너 변호사 계속 할래"라고 했다. 변호사 일을 계속하고 싶으면 변론을 포기하라는 것이다. 변호사를 선임하려고 하는 피의자 가족들도 불렀다. "너희 가족까지도 수사 대상이다", "간첩 도와주려고 하는 거냐"라면서 협박했다.

내가 1980년대부터 맡았던 제주도 강희철 씨 사건이 그렇다. 강 씨는 어렸을 적 일본에 밀항해 재일본조선인총연합회 쪽 고등학교인 대판조선고급학교(조고)에 들어갔다. 그러다가 어느 날 불심검문을 받아 22살 무렵 한국에 강제 송환되었다. 당시 강 씨가 군 보안대의 강압 수사 과정에서 간첩이라고 허위 진술을 했는데, 그 내용이 보안대 수사관이 웃어버릴 정도로 완전 엉터리였다. 그래서 보안대에서 '문제없다'고 결론을 내리고 강 씨를 석방했다. 그러다가 6~7년 지난 뒤 다시 조사를 받았는데 당시 85일 동안 영장 없이 얻어맞고 감금당하고, 결국 무기 징역형을 받았다.

재판 당시, 일본에 사는 강 씨의 고모들이 한국에 와서 변호사 선임을 해주겠다고 했다. 그랬더니 정보기관에서 "너희도 간첩이다. 변호사를 선임하면 간첩죄로 조사하겠다"라고 해서 친척들이 겁을 먹고 변호사를 선임하지 못했다.

서어리 유우성 씨의 경우 탈북 화교 신분으로 북한에 한 번 갔다 온 기록이 있어 정보기관이 증거를 조작하기 수월했던 것 같다. 그러나 결국 증거 불충분으로 무죄 선고가 났다.

최병모 과거에도 똑같은 수법이었다. 심지어 1980년대 전두환 정권 시절에는 간첩 후보 명단까지 뽑아놨었다고 한다. 친척이 일본에 있는 사람, 특히 그중 친척이 조총련계에 있는 사람. 일본에 다녀온 경력이 있는 사람, 일본 다녀온 사람을 만난 적 있는 사람 등. 그렇게 10~20명 목록을 만들어놨다가 중요한 정치적 사건이 있을 때마다 하나씩 간첩 사건을 만들었다. 강희철 사건에서, 검찰은 강 씨의 간첩 증거로 그의 형이 일본에서 보내준 녹음기와 사진을 냈었다. 사진 뒷면을 통해 정보가 오갔다느니, 녹음기가 간첩하기 위한 도구였다느니 하는 주장이었다. 그런 허술한 증거들을 가지고 재판을 했다.

과거에는 조총련 계 재일교포 사회가 있어 재일교포들이 주로 간첩 사건의 타깃이 되었다. 그러다가 이제는 탈북자 쪽이 더 조작하기 쉬우니 국정원에서 중국 쪽에 살았던 사람을 찾은 것이고, 유우성 씨가 운

나쁘게 걸린 것이다.

서어리 과거 재일교포 간첩 사건을 보면 검찰이 간첩 증거로 영사증명서를 제출했다. 그런데 누가 영사증명서에 도장을 찍었는지도 모르고, 담당 영사라는 사람들도 신분이 불분명한 경우가 많았다.

최병모 예전엔 영사증명서를 증거로 많이 냈다. 그런데 진위를 확인할 수 없는 것들이 굉장히 많았다. 그리고 영사증명서가 재판부로 제출되어도 재판부가 제대로 검토하지도 않았다. 강희철 사건의 경우도 황당한 일이 있었다. 영사증명서에 분명히 피고인이 무죄라는 증거가 있는데 무죄 정황 증거로 채택되지 않은 것이다.

강 씨가 조고에 다닐 때 그 학교 서무과에 조총련계 간부가 있었다. 그리고 강 씨는 그 간부의 사촌 동생과 동급생이었다. 검찰은 공소장에서 강 씨가 그 간부를 통해 지령을 받아 북한에 다녀왔다는 내용으로 기소를 했다. 강 씨 동급생의 사촌 형이자 조총련계 간부였던 사람은 강 씨가 조고를 졸업한 직후 조총련에서 탈퇴해서 그들과 끊임없이 싸우고, 조총련 본부 앞에서 조총련을 비난하는 시위를 하다가 행방불명되었다. 그리고 이런 내용이 영사증명서에 그대로 기록되어 있었다. 판사가 영사증명서만 제대로 봤어도 앞뒤가 안 맞는 내용이라는 걸 알았을 텐데 그냥 넘어갔다. 판사가 제대로 볼 노력조차 안 했는지, 아니면 그것을 보고도 유죄 판결을 한 것인지 모르겠다.

자유민주주의를 부정하는 대공수사권

서어리 일각에서는 유무죄 여부를 떠나 유우성 씨가 간첩일 가능성을 여전히 배제할 수 없다고 주장한다.

최병모 말이 안 되는 소리다. 유무죄를 떠나서 간첩일 수 있다니, 그것이 과연 자유민주주의 국가에서 나올 수 있는 말인가? 특히나 여당 쪽에서 그런 식으로 이야기를 하는데, 그 사람들이 자유민주주의에 대해 어떻게 이해하고 있는 것인지 모르겠다. 증거 재판주의[18]를 완전히 무색하게 하는 발언이다. 그간 얼마나 반공 이데올로기가 국민들을 옥죄어왔으면, 그런 말을 하는 게 당당하고, 통찰력 있는 발언인 것처럼 취급되는지 황당할 뿐이다.

과거 어떤 여당 중진 간부는 '간첩은 고문해도 된다'는 식으로 말하기도 했다. 그런데 고문을 하면 사건이 조작될 수밖에 없다. 유우성 씨 경우도 국정원에서 여동생을 데려다가 허위 진술을 받아내기 위해 가혹 행위를 한 것 아닌가. 영장 없이 6개월씩 감금했던 것 자체가 가혹 행위이고 고문이다. 헌법에선 미란다 원칙[19]을 규정하고 있다. 게다가 자비로 변호사를 선임하기 어려울 경우에는 국가가 선임해주도록 되어 있다. 미란다 원칙을 위배했다면, 그 이후 나온 진술은 모두 무효다. 그런데 기본적으로 국정원은 영장주의, 증거 재판주의에 대한 개념이 없다.

서어리 이 사건을 계기로 국정원 개혁이 필요하다는 목소리가 커졌다.

최병모 방금 말했듯이, 국정원은 영장주의나 증거 재판주의에 대한 개념이 없는 기구다. 그래서 수사를 하면 안 된다. 정보기관이 수사권을 갖고 있는 나라가 우리밖에 없다. 미국 CIA나 이스라엘 모사드 같은 정보기관은 숨어서 활동하지, 대놓고 수사권을 갖고 있지 않다. 국정원의 대공수사권을 폐지해야 한다. 정보기관은 필요하면 정보를 만들어내기도 하고, 역정보 활동을 하기도 한다. 또 외국에 나가서 작전을 수행하기 위해 정보를 일부러 만들기도 한다. 정보를 만들어내는 자들이 수사하게 되면 이렇게 될 수밖에 없다.

국정원 기구 자체를 축소해서 외교부 밑에 대외 정보처 정도로 둬야 한다고 생각한다. 미국이나 영국 같은 강대국도 아니고, 분단 상황에서 정보기관에 거대 권력을 주는 것은 위험하기 때문이다. 대외 정보처 수준으로 해서 완벽하게 대외 정보에 대해서만 처리하게 하고, 국내 문제는 검찰과 경찰이 알아서 하게 해야 한다. 국가 정보기관이 비대해지니까 검찰까지도 예속될 수밖에 없다.

서어리 대공수사권 폐기는 김대중, 노무현 정권 시절에도 못했다.

최병모 그 부분은 아주 잘못한 일이다. 두 정부 모두 전혀 개혁하지 못했다. 그리고 이제 박근혜 정권이 들어서니 이 지경이 된 것 아닌가.

서어리 검찰도 간첩 조작 의혹에서 자유롭지 않다.

최병모 물론 검찰도 조작에 대해 모르진 않았을 것이다. 알면서도 재판부에 증거라고 제출했을 것이다. 그렇다면 검찰도 국정원과 더불어 공범이다. 검찰이 조작 사건을 제대로 수사할 수 있는가 하는 의문이

들 수밖에 없다. 그래서 민변에서는 특검을 이야기하는 거다. 물론 특검도 부족하다. 하지만 지금 상황에선 다른 수단이 없다. 특검이라도 해야 한다.

사실 국가권력이 이런 식으로 상층부에서부터 부패와 왜곡을 자행하기 시작하면 제대로 진상을 밝힐 방법이 없다. 근본적으로는 공직자비리수사처와 같은 독립된 공직자 수사전담기구가 생길 필요가 있다. 그런 기구를 제5의 독립부서로 만드는 것도 좋은 방법이라고 본다.

서어리 국가보안법 자체에 대한 논란도 다시 불거졌다.

최병모 사실 유우성 사건에서 국가보안법 자체가 문제가 되는 건 아니다. 이건 조작 사건이다. 조작 가담자들은 국보법상 무고, 날조죄 혐의로 당연히 처벌해야 한다.

그런데 어쨌거나 간첩 사건이 조작되는 것을 보니 국보법을 폐지하자는 이야기가 나올 수밖에 없다. 이미 형법에는 반란죄처럼 국가 안보를 보장하는 형사처분 규정이 있다. 그런데도 굳이 국보법이 따로 있는 가장 큰 이유는 7조 때문이다. '반국가단체나 그 구성원 또는 그 지령을 받은 자의 활동을 찬양·고무·선전 또는 이에 동조하거나 국가 변란을 선정·선동한 자를 처벌'(1항)하고, '이적표현물 제작·배포·소지한 자를 처벌'(5항)하자는 것이다. 그런데 이 조항들에 나온 개념들 자체가 워낙 불명확하고, 내용도 추상적이다. 영화 〈변호인〉에서도 나왔듯 에드워드 카Edward Hallett Carr의 『역사란 무엇인가』를 소지한 것만으로도 국보법 위반이라고 했었다.

통합진보당 이석기 의원의 내란 음모 사건을 보자. 이석기가 「혁명동지가」를 불렀다고 북한을 찬양했다는 것인데, 사실 「혁명동지가」는 한국의 작곡가가 쓴 것이다. 게다가 이전에 운동하는 사람들이 반독재 투쟁하면서 데모할 때마다 다 같이 부르던 노래다. 그런데 이 노래를 부른 것이 '찬양·고무'라고 한다면, 옛날과 달라진 게 뭔가. 이적표현물 목록에서 『역사란 무엇인가』나 에리히 프롬Erich Pinchas Fromm의 『소유냐 존재냐』 같은 책 몇 권 정도가 빠진 것 말고는 과거와 거의 달라진 게 없다.

서어리　민변에서 '민주주의 수호 비상특위' 위원장을 역임했다. 현 정부에서 민주주의 수준이 어떻다고 보나. 그리고 민주주의 발전을 위해 박 대통령이 앞으로 할 일은 무엇인가.

최병모　심각한 민주주의 위기다. 정권 시작과 함께 터진 대선 부정 사태부터 말을 꺼낼 수밖에 없다. 대의 민주주의는 선거를 통해 대표자를 선출하는 방식으로 운영된다. 선거에 부정이 생겼다면, 대의 민주정은 근본부터 깨진 것이다. 그래서 지난 대선 당시 일어난 선거 부정은 민주주의 위기라고 판단했고, 거기서 파생된 게 통합진보당에 대한 해산 청구 조치라고 본다. 이석기 사건의 유죄 성립 여부와 상관없이 당의 정당정책을 위헌으로 규정하고 해산 청구를 한 것 자체가 민주주의 정당 정치를 부정하는 태도라고 본다. 그리고 무고한 사람을 간첩으로 몰아가는 것 역시 민주주의 위기의 징후라고 본다.

일단 정부가 부정 선거 사태의 전말부터 소상히 밝혀내야 한다. 무조건 덮고 '나는 모른다'는 식으로 일관해서는 해결될 수 없다. 대의정치 체제하의 선거에서 당선되었다고 해서 임기 동안은 무슨 짓을 하든 용인될 수 있다고 생각한다면 오산이다. 선출된 이후에도 끊임없이 국민과 대화하고 국민 의사를 반영하는 것이 대의정치의 기본 틀이다. 이러한 취지를 살리기 위해 지방자치단체에서 도입한 게 주민소환제다. 뽑은 이유도 특정하지 않기 때문에 끌어내릴 때도 특별한 이유가 필요치 않다. 그러나 현재 대통령과 국회의원은 소환할 수 없게 되어 있다. 만약 대통령도 소환할 수 있다고 한다면 박 대통령은 소환 사유가 많다는 것을 명심해야 한다. 대통령이 책임지고 지금 벌어지는 사태들에 대해 진상을 규명해야 한다.

3

우리 모두는
국가보안법 피해자이다*

'간첩 전문 변호사' 장경욱이 말하는 '공포'

장경욱 변호사는 '간첩 전문 변호사'로 통한다. 일심회 사건, 왕재산 사건, 여간첩 이 모 씨 사건, '서울시 공무원 간첩' 유우성 사건, '북한 보위부 직파 간첩' 홍강철 씨 사건 등 지금까지 있었던 굵직한 간첩 사건 변호인 명단에는 항상 그의 이름이 있었다. 장 변호사는 대형 간첩 사건들이 모두 국정원과 검찰이 기획한 것이라고 주장한다. 그의 주장을 입증하듯, 유우성 사건에서는 검찰이 법정에 제출한 증거들이 줄줄이 조작인 것으로 들통나 국민들에게 큰 충격을 주기도 했다.

• 이 글은 지난 2014년 11월과 2016년 8월, 두 차례에 걸쳐 진행한 장경욱 변호사와의 인터뷰 내용을 정리한 것이다.

3부. 분단 공포 넘어서기

장경욱 변호사. © 최형락

국정원과 검찰, 보수 언론은 그를 '친북·종북 변호사'로 부른다. 제 입으로 술술 간첩 사실을 불던 피고인들이 장 변호사만 만나면 제 혐의를 부인한다는 것이다. 또 항상 피고인에게 묵비권(진술거부권)을 종용해 수사를 방해한다는 것이다. 검찰은 대한변호사협회에 2014년 '위증교사'를 이유로 장 변호사에 대한 징계를 신청하기도 했다.

하지만 2014년 11월 7일, 대법원은 장 변호사에 대한 징계를 신청한 검찰을 머쓱하게 하는 판결을 내놓았다. 장 변호사가 2006년 일심회 사건 당시 피고인에게 진술거부권을 권유했다가 국정원 조사실에서 쫓겨나 정당한 변론권을 침해받은 것에 대해 국가를 상대로 소송을 걸었고, 이에 대해 법원이 장 변호사의 손을 들어준 것이다. 진술거부권에 대한 검찰과 법원의 입장이 다르다는 이야기다.

장 변호사는 피고인에게 불리한 진술이 강압 수사를 하는 가운데서 나오는 경우가 많으며, 그 진술이 혐의를 입증하는 증거로 채택되는 경우가 많다고 말한다. 특히나 간첩 사건처럼 무죄 여부를 다투는 경우에는 진술거부권이 꼭 필요한 피고인의 권리이며, "진술 거부를 권유하는 것 또한 피고인을 보호할 의무가 있는 변호인으로서 정당한 권리"라는 것이 그의 주장이다.

그는 현재 대한민국 사회가 '분단 정신병'에 걸려 있다고 말한다. "공안 문제에 이의를 제기하면 사람들은 왕따 수준을 넘어 공포심을 느낄 정도로 폭력적으로 대한다"는 것이다. 그가 '종북 변호사'로 낙인찍힌 것도 그러한 이유라고 설명했다. 그는 "우리 모두 국가보안법 피해자"라고 했다. 그는 국가의 '분단 정신병'을 치유하는 최선의 길은 공포를 조장하는 국가권력의 허위를 드러내는 일이며, 자신이 앞장서겠다고 했다. 그리고 유우성에 대한 국가의 '간첩 조작극' 전말을 밝혀냈듯 앞으로도 계속 국가 폭력에 저항해야 한다고 말했다.

변호인으로서의 의무,
공익에 대한 사명감

서어리　변론 활동 방해에 대한 국가 손해배상 소송에서 승소한 이야기부터 해보자. 어떤 의미가 있는 것인가.

장경욱　강제퇴거를 당했을 때 맡았던 일심회 사건이 2006년이었다. 그로부터 3년 뒤인 2009년 소멸시효를 불과 며칠 앞두고 손해배상 소송을 제기했다. 그러고 다시 5년이 지났다. 재판부가 다행히 내 손을 들어준 셈이지만 그동안은 힘들었다. 소송 쟁점이 피의자 또는 피고인 신문 시 변호인이 참여할 수 있도록 하는 '변호인 참여권'이었다. 내가 준항고[20]를 낸 게 2006년인데, 형사소송법에 변호인 참여권 내용이 들어가기 시작한 것은 2007년이었다. 변호인 참여권을 부당하게 침해당할 경우 준항고를 할 수 있다는 내용이었다. 그전에는 변호인 접견권만 있었다. 대법원에서 준항고를 받아들여서 처음으로 변호인 참여권을 인정한 사례가 '송두율 교수 사건'에 대한 판결이었다. 이 사건의 경우 2004년 1심, 2심에서 변호인 참여권을 인정하지 않다가 2008년 대법원 판결에서 국정원 직원들의 고의과실을 인정했고, 그 후 대검찰청에서 변호인 참여에 관한 규정을 만들었다.

대검 규정에는 '변호인은 피의자 대각선에 앉아야 한다'거나 '수사 기밀 누설 우려가 있어 메모를 금지한다' 등의 내용이 있다. 피의자랑 차도 같이 못 타게 한다. 그런데 조사를 받는 사람은 차에 따로 타는 것 자체가 불안할 수 있다. 내가 검찰 측에 문제를 제기했더니 '예우상 변호사분들 차는 따로 마련했다'는 어처구니없는 말을 하더라. 국정원에 출입할 때도 보안 검색을 받으라고 한다. 피의자 방어권을 행사하러 왔으면 당연히 그냥 들어가야 하는 것 아닌가. 다 변호권을 침해하는 일들이다.

내가 변론권 침해로 소송을 제기한 것이 2006년 일심회 사건 때이다. 조사 때는 자리 문제나 메모 문제로 수사관들과 크게 시비 붙지 않았다. 꾹 참았다. 그러다가 내가 '진술거부권 행사하시지요'라고 했더니 수사관들이 나더러 나가라고 하더라. 내부 상황이 녹화되어서 수사관들이 어디선가 지켜보고 있는데, (강제 퇴거) 지침을 받은 수사관이 나를 끌어냈다. 나는 왜 나가야 하느냐고 이유를 밝히라고, 내가 나가면 대체변호사라도 있어야 한다고 악을 썼다.

변호사들이 저항해야 한다. 변호사들의 치부를 드러내는 이야기라 민망하지만, 대부분의 변호사들은 저항할 줄 모른다. 자꾸 제한을 받으니 변호사들도 위축되는 것이다. 국정원 출입할 때 나는 '변호인은 보안 검색 안 받는 것'이라고 하고 피의자를 데리고 나와버린다. 어떤 변호인은 안내받은 대로 보안 검색을 다 하고 들어간다. 이미 보안 검색을 마친 피의자들은 사실상 변호인을 기다리는 게 아니라 국정원 직원이 시키는 대로 먼저 차에 타거나, 조사실에 가서 앉아 있다. 그러다가 국정원 직원들이 '조사 받겠습니까'라고 하면 꿔다놓은 보릿자루처럼 '네' 하고 변호인도 없이 조사받는다. 우습지 않나.

조사 내내 피의자들은 공포감을 느낀다. 차에 탈 때 밖을 못 보게 가림막을 친다든가, 조사실에 들어가면 피의자에게 각서를 쓰게 한다든가. 또 조명을 어둡게 하고, 조사실에서도 키 큰 사람들이 서성이게 한다. 공포를 주기 위한 효과다. 수사관들이 수사 받다가 잠깐 자라고 해도 못 자고 바들바들 떠는 사람들이 많다. 신경쇠약에 걸린 것이다. 그럴 때 변호사들이 용기를 줘야 한다. 그런데 많은 변호사들이 그렇게 하지 않는다. 조사실에 같이 들어갔다가 바쁘다고 그냥 나가기도 한다. 그러다 피의자가 혼자 있는 사이 꼬투리를 잡히는 거다. 피의자에게 '조사받을 때 진술거부권 행사하세요'라고 이야기해도 막상 조사가 시작되면 술술 분다. 심지어 변호인이 옆에 있어도 조사관들과 피의자가 말 섞는 것을 못 막는 경우가 많다. 말 몇 번 섞는 게 별로 문제될 게 없

3부. 분단 공포 넘어서기

을 것 같지만, 그렇게 한두 마디 이야기하면서 친숙해지는 게 피의자들의 허위 자백을 유도해내는 기술이다. 거기에 절대 말려들어 가면 안된다.[21]

서어리　대부분의 변호사가 수사기관에 맞서서 피의자의 권리를 지켜내지 못한다고 지적했다. 그렇다면 변호사로서 직무유기 아닌가.

장경욱　맞다. 참 나쁜 변호사다. 싸울 건데도 안 싸운다. 보통은 지레 겁부터 먹는다. 후배 변호사 한 명도 조사실에서 메모하다가, 조사관이 '대검 지침'을 들이대자 자진해서 메모를 반납한 적이 있다. 그러니 준항고를 해도 진다. 대검 지침이 법은 아니지 않은가. 그런데도 워낙 오랫동안 겁을 먹어왔으니, 변호사도 이상한 행동을 한다.

자백을 받아내기 위한 강압수사,
이를 막기 위한 '진술거부권'

서어리　검찰, 국정원에서는 민변 변호사들이 문제라고 한다. 특히 장 변호사는 '종북' 혹은 '친북' 변호사라고 한다. 간첩 사건을 무조건 '조작'으로 단정 짓는다는 것이다.

장경욱　10년째 같은 이야기를 듣고 있다. 민변을 비판하는 쪽에선 레퍼토리가 늘 똑같다. 민변 변호사들에게 위증교사 혐의를 씌운다. 간첩 조작? 맞다. 지금까지 검찰이 간첩이라고 한 사람들, 내가 봤을 땐 가짜 간첩이다. 이미 유우성 사건에서도 국정원과 검찰의 만행이 만천하에 드러났지 않았나. 그런데도 검찰이나 국정원은 반성하는 게 아니라 판사가 공안 사건 전문성이 부족하다거나, 종북 판사나 친북 변호사가 문제라고 책임을 전가한다. 무죄가 나온 이유를 이념적으로 덧칠하는 거다.

국정원이 간첩을 만드는 방식은 늘 똑같다. 당사자나 참고인 자백을 증거로 내세운다. 독방에서 몇 날 며칠 수사관한테 시달린 피의자가 뭔가 잘못 말하면 그걸 물고 늘어진다. 그래서 나는 항상 피의자들에게 조사를 받을 때 진술거부권을 행사하라고 한다. 당연한 권리니까. 그리고 법정에서 증거관계를 살피는 것은 형사소송법이 지향하는 바이기도 하다.

자백을 받아내기 위해 강압 수사를 벌이기 마련이다. 당사자의 방어권보다는 수사기관의 반인권적인 행태가 우선시되는 경우가 사법체계 안에서 빈번할 것이다. 누가 허위자백을 해도 검사가 쉽게 믿어버리고, 증거를 더 찾지도 않는다. 이렇게 해선 형사 사법의 수준이 올라갈 수 없다. 과학적인 수사 기법으로 증거를 수집하는 데 열을 올려야지, 지금은 자백만 내세울 때가 아니다. 모든 경우에 진술거부권을 권유하진 않는다. 그러나 시국 사건과 같이 무죄를 다투는 경우 나는 진술을 거부하라고 한다.

서어리 장 변호사 사건 승소를 계기로 진술거부권의 의미에 대해 알려질 것 같다. 진술을 거부하는 게 당연한 권리인 것은 맞다. 그런데 진술을 거부하면 '뭔가 찔리니까 그런 것 아니냐'라면서 삐딱하게 보는 경우가 많은 것 같다.

장경욱 주로 시국 사건에서 진술거부권을 많이 쓰고 이를 보장해달라고 요구하는데, 사실 이건 헌법상 권리로 이해해야 한다. 진술거부권 인정해달라고, 변호인 참여권 보장해달라고 요구하는 걸 시국 사건 피의자나 변호인의 별난 투쟁이라고 보면 안 된다. 진술거부권을 행사한다고 불이익을 당해서도 안 된다. 이건 형사소송법에도 나오는 내용이다. 일체의 진술을 거부할 수 있을 뿐만 아니라 언제든지 행사할 수 있는 당연한 권리라는 걸 알아야 한다.

단순히 시국 사건에서만 중요한 게 아니다. 시국 사건에서 형사 사법 절차 과정에서의 관행이 잘 잡히면 일반 사건에도 적용될 수 있는 선례라고 보게 될 것이고, 그렇게 되면 결국 우리 사회, 공익에 기여하리라고 생각한다. 나는 그에 대한 사명감이 있다.

변호인이 먼저 문제의식을 가져야 한다. 이를테면 진술거부권을 행사한 사람을 상대로 검사가 조서를 계속해서 10회, 20회 요구하고, 피의자도 계속 거부를 할 경우 검사는 그것을 유죄 증거로 제출한다. 이걸 가만 놔둬선 안 된다. 진술 거부를 해도 일체 불이익이 되지 않는다는 걸 헌법이나 형사소송법에서 엄격하게 규정했는데도 이걸 유죄 증거로 내면, 여기에 대해서 문제를 제기해야 한다. 물론 법원도 마찬가지다. 당연히 기각해야 한다. 그런데 그냥 놔둔다. 그래서 검찰이 바뀌지 않는 거다.

이런 싸움은 그나마 시국 사건에서나 할 수 있다. 일반사건에서는 보통 집행 유예를 받으려고 하고, 피의자가 피곤하기도 하니까 유야무야 넘어가려고 한다. 그런데 사실 시국 사건에서도 마찬가지다. 피의자들은 힘들고 지치고 무서우니까 문제가 있어도 그냥 넘어가자고 한다. 물론 그분들에게 직접적으로 말할 순 없지만, 좀 더 공익적으로 생각했으면 한다.

국가보안법 사건은 재판 과정이 정말 말도 안 된다. 난잡할 정도다. 정부 비판했다고 기소된 사람은 수년 이상 미행당하고 그런 기획 수사를 통해서 나온 어마어마한 '증거'들이 법정에 유죄 증거로 제출된다. 왜 이걸 재판부는 기각하지 않나.

일반 사건에서도 비슷한 피해가 생길 수 있다. 어떤 행사에서 누군가가 나를 CCTV로 찍었을 경우, 수사기관이 간첩 사건이라면서 협조를 구하면 내 프라이버시가 있는데도 영상을 다 줘버린다. 나에게 동의도 구하지 않고. 이게 얼마나 큰 사생활 침해인지를 사람들은 알지 못한다. 시국 사건에서부터 형사 사법 절차와 관련한 선례를 잘 만들어야 한다는 건 이런 의미다.

분단 공포에 대한 순응을 깨뜨려야

서어리 온 나라를 떠들썩하게 했던 유우성 사건이 결국 조작으로 밝혀졌다. 유우성 사건 이후로 국정원과 검찰에 대한 신뢰도가 추락했다. 그럼에도 검찰이 간첩이라고 지목하면, 일단 의심부터 하게 되는 게 사실이다.

장경욱 그게 무서운 거다. 새누리당 김진태 의원이 우리나라에 간첩이 2만 명이 있다고 했다. 그런데 여기에 대고 아니라고 이야기하는 사람이 없다. 내가 간첩 사건이 다 조작되었다고 해도 사람들은 '네가 진짜 간첩을 만나봤느냐'고 물어본다. 그럼 나는 거꾸로 묻는다. '간첩 2만 명'이 진실이라고 통용되는 것에 절대적으로 확신하는지. 그리고 이의를 제기하는 사람에 대해 왕따 수준을 넘어 공포심을 느낄 정도로 폭력적으로 대하는 사회가 과연 제대로 된 사회인지. 우리 사회가 그만큼 민주주의의 기본도 안 되어 있다는 이야기다.

후배 변호사가 북한 보위부 직파 간첩 혐의로 기소되었다가 무죄 판결을 받은 홍강철 씨를 처음 접견한 다음 내게 한 말이 '너무 간첩 같아서 무서워서 못 하겠다'였다. 간첩 사건 맡게 해달라고, 열심히 하고 싶다고 하더니, 막상 접견을 해보곤 못 하겠다고 했다. 변호사들도 쉽게 이의를 제기하지 못하고 겁을 먹는다. 결국 우리의 문제다. 항상 불안이 내재되어 있기 때문에 사물과 상황을 제대로 보지 못한다. 그런 점에서 우리는 모두 국가보안법 피해자다.

서어리 분단 상황에서는 공포 심리를 극복하기 쉽지 않아 보인다.

장경욱 그렇다. 어려운 일이다. 대부분이 분단 상황에 겁을 먹고 북한에 공포를 느끼며 스스로를 자해하면서도, 본인이 그렇게 위축되어 있다는 걸 모른다. 나는 이걸 '분단 정신병'이라고 표현한다. 정말 심각한 문제다. 인식만 하면 좀 나을 텐데, 인정조차 않는다.

예를 들어 연방제를 이야기하면 왜 북한이랑 같은 이야기하느냐고, 3 대 세습에 대해 어떻게 생각하느냐고 묻는다. 전쟁할 게 아니면 연방제를 생각하는 게 상식적인 생각인데도, 북이 제안했으니 연방제를 말하면 안 된다고 한다. 이런 사람들이 소수가 아니라 다수다. 정상이 소수고 비정상이 다수다. 이런 증오에 기반을 둔, 상식이 통하지 않는 사회에서 대체 무슨 말을 할 수 있겠나. 이렇게 서로를 경계하고 스스로를 의심하는 것 자체가 기본권 침해 아닌가. 삶의 가치관이 왜곡되어 있는데, 그러면서도 겁먹지 않고 있다며 자기 합리화한다. 이렇게 참혹한 인권 침해가 어디 있나.

그런데도 사람들은 김대중·노무현 대통령이 당선되면서 우리 사회가 민주화되었다고, 어느 정도 공포감을 극복했다고 착각한다. 그래서 더 견제력을 상실한 측면도 있다. 서해 북방한계선 NLL 문제에 대해 대통령도 제대로 이야기하지 못하는 나라다. 한 번도 그 문제를 근본적으로 해결해본 적이 없고, 그 누구도 이의를 제기하지 않았다.

서어리 국가권력이 발표하는 공안 사건들을 불신하면서도 국가정보원 해체나 국가보안법 폐지에 대해서는 쉽게 이야기하지 않는다.

장경욱 국가보안법이 없으면 마치 이 사회가 유지되지 못하고 나라가 북한에 의해 먹혀버릴 것 같은 허위의식에 사로잡혀 있다. 싸워서 극복해야 하는데 허위의식에 갇혀 순응해버리는 거다. 그래서 사람들은 싸우면 죽을 것 같고, 그래도 지금보다는 숨통이 트일 수 있는 환경으로 가는 방향을 택한다. 그게 바로 정권 교체 주장이다. 정권 교체가 되면 국가보안법 폐지가 될 거라고 생각한다. 정권 교체를 하겠다고 나서는 사람들부터가 허위의식에 갇혀서 극우 보수의 공격이 무서워 벌벌 떠는데, 그들이 집권한다고 해서 과연 국정원을 해체할 수 있을까. 국보법이 철폐될까. 천만의 말씀이다.

유우성 사건을 보고도 'DJ·노무현 때는 안 그랬는데, 지금은 이런 일이 터진다'는 이야기를 하고 싶어 하는 사람들이 많다. 그런데 조작 간첩은 순식간에 만들 수 있는 게 아니다. 아주 오랫동안 정교하게 기획된다. 늘 그래왔다. 비단 한 정권의 문제가 아니라 그보다 더 큰 구조의 문제다.

서어리 그런 거대한 구조를 어떻게 바꿀 수 있나.

장경욱 유우성 사건 하나 밝혀진 것만으로도 분단 이후 이어진 국가 지배체제가 근본부터 흔들린 거라고 본다. 거대하고 튼튼해 보이지만, 사실은 허위로 지어진 구조이기 때문에 결정적인 사건 몇 번이면 쉽게 깨질 거라고 본다. 사람들도 순식간에 바뀔 거다. 마치 대동아공영론을 믿었던 사람들이 1945년에 해방되자마자 반제국주의 운동을 한 사람인 것마냥 만세를 부른 것처럼.

지금 국가권력을 받들고 있는 게 어버이연합 같은 행동대 아닌가. 그 사람들은 자신들의 행동의 의미를 모른다. 무지하고, 세뇌된 전형적인 우리 사회의 피해자들이다. 그런 분들도 허위의식이 한 번 깨지면 순식간에 태도가 달라질 것이다.

유우성 사건 같은 일이 한 번만 더 일어나면 그때는 정말 끝장일 것이다. 나는 그런 미래를 전망하고 노력하고 있다. 몇 사람만 목숨 걸고 뛰어들면 된다. 사실 유우성 사건은 하나의 현상이다. 사회에 쌓여온 많은 노력들이 모여 무죄의 계기를 만든 것이다. 무죄 판결을 받은 건 결코 우연이 아니다. 끊임없이 싸운 결과다. 사람을 모으고 저항해야 한다.

진실과 진심

이 책의 탄생에 절대적인 역할을 한 세 명의 산파가 있다.

우선 "나는 간첩이 아닙니다" 연재를 발견하고, 책 출간 제안을 한 한울 김태현 주임이다. 책 출간 제안은 미약하게나마 내가 의미 있는 일을 하고 있음을 상기해주었다. 이후 책을 쓰기 위해 "나는 간첩이 아닙니다" 연재에 살을 덧붙이는 과정이 필요했다. 추가 취재를 하는 과정에서 그 전보다 한 발짝 더 파고 들어갈 수 있게 된 것 같다. 이 이슈에 더욱 애착을 갖게 하는 계기를 만들어준 데 것에 고마움을 표한다. (김태현 주임과 함께 졸고를 다듬어주신 허유진 편집자에게도 감사 인사를 드린다.)

다음으로 허환주 ≪프레시안≫ 기자다. 천성이 게으른 후배를 팀원으로 두다 보니 선배가 늘 고생이 많다. 기자 일에, 아이 둘 육아에 정신없이 바쁠 텐데도 내 책 작업 진행 과정까지 챙겨주었다. 후배를 향한 마음 씀씀이, 자기 이슈는 결코 놓치지 않는 뚝심에 언제나 찬사를 보낸다.

그리고 또 한 명은 장경욱 변호사다. 장 변호사는 "나는 간첩이 아닙니다" 시리즈에 이어 책 작업을 위한 당사자들 소개, 법률 자문 등 여러 방면으로 많은 도움을 주었다. 이래저래 부족한 초년생 기자인 내가 비교적 다양한 간첩 사건을 접하게 된 건 전적으로 장 변호사 덕분이었다. 장 변호사는 '종북 변호사'라는 불편한 수식어에도 굴하지 않고 수많은 간첩 조작 사건에 투혼을 불사르고 있다. 그의 열정과 끈기에 항상 놀라고, 따라 배우려 노력하고 있다. 존경과 감사의 마음을 보낸다.

삼척 사건 피해자분들 인터뷰를 주선해준 김용기 변호사와 김관섭 씨 국가배상소송을 맡은 하주희 변호사에게도 감사 인사를 전한다. 더불어 책 작업에 몰입할 수 있도록 선뜻 양해해준 ≪프레시안≫ 데스크를 포함한 선배, 동료 기자들에게 고마움을 전한다. 특히 김관섭 씨, 이민복 씨 인터뷰를 함께한 성현석 선배, 이종수 씨 인터뷰를 함께한 박세열 선배에게 특별히 감사의 말을 전한다. 멋진 사진으로 이 책을 더욱 빛나게 해준 최형락 선배에게도 고마운 마음을 전한다.

손택수 시인의 「내 시의 저작권에 대해 말씀드리자면」이라는 시가 있다. 손택수 시인은 '내 시의 저작권'에 대해 "구름 5%, 먼지 3.5%, 나무 20%, 논 10% 강 10%, 새 5%, 바람 8%, 나비 2.55% 돌 15%, 노을 1.99%, 낮잠 11%, 달 2%"라고 했다.

나는 간첩이 아닙니다

내 책의 저작권에 대해 말씀드리자면, 사실 9할 이상은 이 책에 등장한 국가 폭력의 피해자들이다. 그러니까 이 책은 나의 책이 아니라 그분들의 책이다. 김관섭, 이민복, 유우성, 홍강철, 이종수, 김성완, 김태룡, 진창식, 이대식 씨에게 이 책을 바치고 싶다.

마지막으로 언제나 나보다 더 나의 발전을 기뻐하는 부모님과 두 오빠, 내 곁을 지켜주는 친구들에게 고맙다고, 사랑한다고 말하고 싶다.

기자 생활 처음부터 늘 염두에 둔 것

갈 길이 멀다. 나는 기자로서 고작 4년을 살아왔을 뿐이다. 짧게나마 4년간 갈고 닦은 무기가 무엇일까. 잘 모르겠다. 다만 기자 생활 처음부터 늘 염두에 둔 게 있다. '진실'과 '진심'이다. 진심을 다해 진실에 다가서려 노력할 때 생명력 있는 기사가 나온다고 믿어 의심치 않는다. 진실과 진심을 놓치지 않기 위해 언제나 노력하겠다.

주

1 유우성은 개명한 이유에 대해 "2008년 말부터 2010년 7월까지 국정원, 경찰청, 검찰
   의 수사를 받았다. 2010년 3월경 가택수색도 당했고 전화도청도 수사기관에서 오랫
   동안 해온 것을 나중에 통보받았다. 그때 당시를 생각하면 정말 너무 힘들었고 6개월
   넘게 정신병원에서 우울증 치료도 받았다. 내 운명이 너무 안 좋다고 판단해 점집을
   찾아다녔는데 이름이 안 좋다며 바꿔야 운수도 좋아지고 성공할 수 있다는 등 여러
   가지 이야기를 들었다. 그래서 유우성으로 개명했다. 나를 위장하고자 개명한 것이
   아니다. 한국사회에서 한국인 이름으로 살고 싶은 마음에 개명한 것"이라고 설명했
   다. ≪프레시안≫, 2014년 3월 4일 자 기사.

2 국정원은 휴일(일요일)이었던 2014년 3월 9일 오후 9시께 '국정원 발표문'이라는 제목
   의 이메일 보도자료를 기자들에게 보내 "세간에 물의를 야기하고 국민께 심려를 끼쳐
   드린 것에 대해 진심으로 송구스럽다"라며 "재판 진행 과정에서 증거를 보강하기 위
   해 세 건의 문서를 중국 내 협조자로부터 입수해 검찰에 제출했다. 하지만 현재 이 문
   서들의 위조 여부가 문제가 되고 있어 매우 당혹스럽고 송구스럽게 생각한다"라고 밝
   혔다.

3 탄원서 전문이 실린 2014년 4월 1일 자 ≪문화일보≫ 1면 기사는 현재 삭제 처리되어
   볼 수 없다.

4 "국정원이 증언 유출 소송 말라고 회유", ≪동아일보≫, 2014년 4월 8일 자 기사.

5 "'유우성 사건' 검찰 측 증인, 국정원 돈 받고 거짓 증언", ≪프레시안≫, 2014년 11월

17일 자 기사.

6 "간첩 누명까지 썼지만, 한국서 살고 싶다", ≪프레시안≫, 2014년 5월 2일 자 기사.

7 2016년 4월 11일 ≪시사저널≫의 "어버이연합, 세월호 반대 집회에 알바 1200명 동원 확인" 보도를 시작으로 국정원 - 전국경제인연합회 - 어버이연합 - 청와대 사이의 검은 관계가 드러났다. 이후 JTBC는 4월 21일 '서울시 공무원 간첩 사건' 당시에도 "국정원이 유 씨의 간첩 혐의 증거를 수집할 당시 탈북자 단체가 나섰는데, 이때 어버이연합이 그 활동비를 댔다"라고 보도했다.

8 "탈북자 조직 돈 받고 여론전 펼쳐", 〈뉴스타파〉 2013년 8월 29일 보도.

9 "[단독] '귀순용사' 때려잡던 '대성공사', 사라지지 않았다", ≪프레시안≫, 2014년 5월 2일 자 기사를 다듬었다.

10 "탈북자 늘자 보호·관리 위해 설립 '위장 가려낸다고 강압조사' 주장도", ≪한겨레≫, 2014년 4월 7일 자 기사.

11 "탈북 위장 北공작원 구속기소…… 합동신문 두 달간 체중 14Kg 늘어", ≪동아일보≫, 2014년 3월 11일 자 기사.

12 '송 씨 일가 간첩단 사건'은 한국 전쟁 당시 월북했던 송창섭 씨가 1960년에 남파돼 자신의 친인척을 만난 사실이 알려지면서 시작된 것으로, 1982년 안기부는 송 씨 일가 8명이 사회 혼란 조성을 목적으로 불순단체를 조직하고 부마, 광주, 10·26 사태 등 주요 사건 때마다 각종 유언비어를 날조, 유포해 대정부 투쟁을 유도하는 등 장기 암약한 고정 간첩단이라고 발표했다. 사건에 대한 증거는 사실상 이들의 자백이 전부였다. 당시에도 불법 구금과 조사의 임의성이 문제가 돼 7차례나 재판이 진행되었지만 모두 유죄가 확정되었다. 이후 2009년 재심 청구를 통해 일가족 8명 모두 무죄 판결을 받았다. '제주 강희철 씨 사건' 사건은 일본에 있는 부모를 만나러 밀항했던 강희철 씨가 1986년 4월 제주 경찰에 연행돼 85일간의 '고문조사' 끝에 도내 관공서와 주요기관, 학교 등의 위치를 북한에 알렸다는 간첩 혐의로 구속 영장이 청구돼 구속된 사건이다. 1987년 9월 8일 대법원에서 무기징역형이 확정돼 13년간 복역하다 1998년 8·15특사로 가석방됐다. 이후 2005년 재심을 청구한 강 씨는 2008년 6월 23일 제주지법 제2형사부로부터 재심 무죄 선고를 받았다.

13 "참회록", ≪제민일보≫, 1998년 1월 21일 자 기사.

14 춘천지방법원 제2형사부 2010재고합4 판결문 중 '공소사실' 부분에서 인용.

15 보호관찰법은 재범 방지를 위해 보호관찰 대상자를 상대로 법무부가 체계적으로 관리하는 제도로 보호관찰을 조건으로 형의 선고유예를 받거나 집행유예를 받은 자 등이 대상이다. 대법원 무죄 확정 판결 시 보호관찰 대상에서 제외된다.

16 김태룡 씨와 진창식 씨 가족은 결국 37년 만에 완전히 누명을 벗었다. 재심 항소심 이후 넉 달 만인 2016년 9월 23일, 대법원은 김태룡 씨, 진창식 씨를 비롯한 8명에 대한 재심 상고심에서 검찰의 상고를 기각하고 무죄를 선고했다. 2013년 김순자 씨를 비롯한 세 명이 상고심에서 이미 무죄 판결을 받았기에, 이 사건으로 기소된 12명 가운데 11명이 대법원에서 최종 무죄를 선고받게 되었다. 사건 당시 군인 신분으로 따로 재판이 진행된 김태일 씨는 상고심을 기다리고 있다. 이들 일가족은 곧 국가를 상대로 손해배상 청구 소송을 제기할 예정이다.

17 유우성 씨는 중국에 거주하는 외당숙과 함께 지난 2005년 5월부터 2009년 10월까지 국내 탈북자들의 돈을 북한 탈북자 가족에게 보내주고 수수료를 받는 일명 '프로돈' 사업을 한 혐의로 기소됐으나 2010년 3월 법원으로부터 기소유예 처분을 받았다. 검찰은 이후 같은 이유로 유 씨를 불구속 기소했고, 2015년 7월 국민참여재판으로 열린 1심에서 재판부는 '검찰의 공소권 남용'이라는 배심원의 판단에도 외국환거래법 위반을 인정했다. 이후 2016년 9월 1일 열린 항소심에서 재판부는 검찰의 공소권 남용을 인정해 외국환거래법 위반 혐의에 대한 공소를 기각하고 감형했다.

18 소송법상 재판에서 사실의 인정은 반드시 증거에 의하여야 한다는 원칙을 말한다.

19 경찰이나 검찰이 범죄용의자를 연행할 때 그 이유와 변호인의 도움을 받을 수 있는 권리, 진술을 거부할 수 있는 권리 등이 있음을 미리 알려주어야 한다는 원칙을 말한다.

20 법관이 행한 일정한 재판, 검사 또는 사법경찰관이 행한 일정한 처분 등에 대해 법원에 제기하는 불복신청을 말한다.

21 장경욱 변호사는 허위 자백을 이끌어내는 미국 수사기관의 기법 등을 비판적으로 분석한 책 『허위 자백과 오판: 피의자 신문과 형사사법의 구조』(리처드 A. 레오 지음, 조용환 옮김, 2014)에 착안해, 우리나라 수사기관의 피의자 신문 비밀을 소개하는 칼럼을 ≪프레시안≫에 2015년 총 5회에 걸쳐 연재했다.

나는 간첩이 아닙니다

지은이 서 어 리

언론협동조합 프레시안의 5년 차 '중고 막내' 기자이자 직원 조합원이다. 2012년 입사 첫해에 정치부에서 대선을 경험한 후, 줄곧 기획취재팀에 몸담아 왔다. 2013년 서울시 공무원 간첩 조작 사건, 2014년 세월호 참사 등 연이어 터진 대형 사건 속에서 많은 것을 보고 들었다. 2015년 프레시안과 다음 뉴스펀딩에 동시 연재한 "나는 간첩이 아닙니다" 시리즈로 제18회 국제앰네스티 한국지부 언론상을 받았다.

나는 간첩이 아닙니다

1970~2016, 대한민국의 숨겨진 간첩 조작사

© 서어리, 2016

지은이 **서어리** Ⅰ 펴낸이 **김종수** Ⅰ 펴낸곳 **한울엠플러스(주)**
편집책임 **조수임** Ⅰ 편집 **김태현·허유진**

초판 1쇄 인쇄 **2016년 10월 5일** Ⅰ 초판 1쇄 발행 **2016년 10월 15일**

주소 **10881 경기도 파주시 광인사길 153 한울시소빌딩 3층**
전화 **031-955-0655** Ⅰ 팩스 **031-955-0656** Ⅰ 홈페이지 **www.hanulmplus.kr**
등록번호 **제406-2015-000143호**

Printed in Korea.
ISBN 978-89-460-6234-4 03300

* 책값은 겉표지에 표시되어 있습니다.